O QUE OS HOMENS NÃO CONTAM SOBRE NEGÓCIOS PARA AS MULHERES

O QUE OS HOMENS NÃO CONTAM SOBRE NEGÓCIOS PARA AS MULHERES

ABRINDO O MANUAL ULTRASSECRETO DOS HOMENS DE NEGÓCIOS

Christopher V. Flett

Tradução:
Carlos Alberto Pavam

Copyright © 2008 by Christopher V. Flett. All rights reserved.
Published by John Wiley & Sons, Inc., Hoboken, New Jersey
Published simultaneously in Canada.
Copyight © 2010 Editora Novo Conceito
Todos os direitos reservados.

Produção Editorial
Equipe Novo Conceito
Assistente Editorial: Gabriela Abramo de Oliveira
Produtora Gráfica: Josiane Sozza

Tradução: Carlos Alberto Pavam
Preparação de Texto: Fábio Silvestre Cardoso
Revisão de Texto: Denise Cristina Morgado
Diagramação: Studio Spotlight
Capa: Esper Leon

Este livro segue as regras do Novo Acordo Ortográfico da Língua Portuguesa

Dados Internacionais de Catalogação na Publicação (CIP)
(Câmara Brasileira do Livro, SP, Brasil)

Flett, Christopher V.
  O que os homens não contam sobre negócios para as mulheres : abrindo o manual ultra-secreto dos homens de negócios / Christopher V. Flett ; tradução Carlos Alberto Pavan. -- Ribeirão Preto, SP : Editora Novo Conceito , 2010.

  Título original: What men don´t tell women about business.
  ISBN 978-85-63219-04-6

  1. Comunicação na organização - Diferenças sexuais 2 . Divisão do trabalho por sexo 3 . Homens - Psicologia 4 . Mulheres - Emprego 5 . Papel sexual no ambiente de trabalho 6 . Sucesso em negócios
  I. Título.

10 - 03747   CDD - 650.1082

Índices para catálogo sistemático:
1. Mulheres de negócios : Sucesso profissional :
Administração 650.1082

Rua Dr. Hugo Fortes, 1885 – Pq. Ind. Lagoinha
14095-260 – Ribeirão Preto – SP
www.editoranovoconceito.com.br

SUMÁRIO

Prefácio 7

Parte I O PONTO DE VISTA MASCULINO 9

Quem É Você? 11

Os Diferentes Tipos de Pessoas nos Negócios 39

Penetrando na Mente de um Homem Alfa 51

Coisas que Motivam os Homens nos Negócios 69

PARTE II MULHER COMO SABOTADORA 91

Fazendo Água: Levando As Coisas Para O Lado Pessoal 93

Disparando Alarmes: Vestindo Máscaras 99

Calma Mortal: Apresentando Ideias Em Forma De Perguntas 111

Atolado: Arrumando Desculpas 115

Andando Na Prancha: Declarando Guerra Aberta 119

Cuidado Com suas Palavras: não Mantendo Segredos 123

À Deriva: Trazendo Problemas Pessoais para o Trabalho 127

Acenando e Afundando: A Busca De Afirmação Nos Outros 131

Quem Merece um Lugar no Bote Salva-Vidas?: Esperando Imparcialidade nos Negócios ... 135

Abandonar o Navio: Aceitando Ser Maltratada 141

"Deixem que Eu Faço o Serviço Duro": Tentando ser Querida e Abnegada ... 145

"Tome, Pegue o Último Colete Salva-Vidas": Pedindo o Que Você Quer ... 149

"Bote Salva-Vidas nas Costas": Traçando um Plano B 153

"Bem-Vindo Ao Clube!": Entendendo Indicações Nos Negócios 157

PARTE III PERGUNTAS HABITUAIS QUE AS MULHERES FAZEM 161

Prefácio

Se você der uma olhada nos livros de negócios sendo publicados hoje, verá que eles foram escritos por homens que narram inspiradoras histórias de como eles ergueram suas companhias. Eles falam sobre a glória do sucesso e sobre ser o primeiro entre seus pares. Homens leem essas histórias de sucesso e almejam fazer o mesmo. Eles querem lutar para chegar ao topo e, então, dar uma respirada, apreciar a vista e imediatamente buscar a próxima montanha a ser escalada. Os homens têm dificuldade em se concentrar no processo. Para nós, tudo tem a ver com os objetivos, não com o processo. Não estamos interessados em como ele chegou lá. O que queremos saber é como é a sensação do sucesso – e depois vamos tentar entender como se chega lá.

As mulheres, por seu lado, escrevem livros sobre como as mulheres podem compreender os homens nos negócios – e como nadar no meio de todos aqueles tubarões. As autoras que tenho lido gastam tempo demais dando conselhos às mulheres sobre como avançar nos negócios ficando a uma distância segura do Homem Alfa. Essas autoras apresentam essa tática evasiva como fórmula de sucesso. Entretanto, quando você evita relações de trabalho com indivíduos motivados e bem-sucedidos, qualquer percepção que se poderia ter do caminho do sucesso também é perdida.

Tais autoras sugerem essa tática evasiva com base em suas experiências pessoais e nas interpretações que têm dessas experiências. A perspectiva é compreensível, especialmente para uma geração de mulheres que estava apenas descobrindo que espaço poderia ocupar no mercado de trabalho. Ainda assim, essas autoras e suas perspectivas pouco acrescentam, exatamente porque elas são mulheres e não sabem o que os homens pensam verdadeiramente. E é aí que eu me coloco. Apesar de a minha perspectiva também ter nascido da experiência pessoal, tenho de admitir que sou um daqueles homens que você seria aconselhada a sair do caminho. Definitivamente, são os Homens Alfa que criam os obstáculos para a ascensão das mulheres nos locais de trabalho, mas são as mulheres profissionais que os têm mantido lá. Se uma profissional romper com a tradição de abrir mão do poder e contiver o ataque de outras mulheres, ela pode não apenas conquistar a igualdade no local de trabalho, mas também ocupar uma posição de liderança do antigo paradigma dos negócios deixada vaga por um Homem Alfa. O maior inimigo das mulheres de negócios são as próprias mulheres de negócios – especialmente aquelas que lutam entre si para tentar entrar na equipe do cara e as que intencionalmente continuam a passar seus poderes para os homens e a se apresentar como modelo a ser seguido pelas demais.

Este livro não é uma história de glórias. Não é uma versão do século 21 de um conto de fadas em que a donzela injustiçada se transforma em uma empreendedora CEO. Este livro é um relato sincero sobre como um homem vê os negócios e as mulheres nos negócios. A obra não pretende ser uma crítica nem uma lista de sugestões de como as mulheres devem mudar. Na verdade, eu quero compartilhar com as leitoras o que os homens pensam, como eles se comportam no mundo dos negócios e como eles interpretam o comportamento das mulheres.

Não se trata de uma guerra, mas de uma conversa que há muito já deveria ter sido promovida. Não vou pedir desculpas pelo que é dito nas próximas páginas. O livro visa a ser o início de um diálogo, e não o começo e o fim de uma conversa. Assumo a responsabilidade por dar início à chama, mas caberá a você mantê-la viva. Uma vez que você adquire conhecimento, não pode desaprendê-lo. Minha esperança é que este livro mude a forma como você e todas as mulheres que você conhecer se comportam no mundo dos negócios.

Parte I
O Ponto de Vista Masculino

1
Quem É Você?

Quantas das afirmações seguintes se aplicam a você?

- Você tem prazer em fazer com que as pessoas no trabalho se sintam especiais.
- Você leva bolos, biscoitos ou outras guloseimas para compartilhar com seus colegas de trabalho.
- Você guarda o aniversário e outras datas importantes da vida das pessoas e, nesses dias, oferece algum tipo de homenagem.
- Você gosta de planejar festas e outros eventos da companhia.
- Você é prestativa e está sempre pronta para arregaçar as mangas e ajudar nas atividades da companhia.
- Você percebe pequenas coisas que as pessoas gostam e usa dessa informação para posteriormente surpreendê-las com algo.
- Você prefere ficar à margem dos acontecimentos e só se envolver se for chamada a participar.
- Você dá conselhos às pessoas sobre como não ficarem isoladas.
- Você acredita que, se alguém quer algo de você, deve vir e pedir.
- Você decidiu que não tem de estar no centro das atenções e deixará que os faladores briguem pelo espaço.

- Você quer ser vista como uma parte importante da equipe e alguém que vai se dedicar aos mínimos detalhes.
- Você acredita que tomar uns drinques depois do trabalho é uma boa forma de se envolver com os colegas.
- Você aguarda com ansiedade eventos da companhia, como festas de fim de ano e torneios esportivos, quando poderá ficar mais à vontade e conhecer mais intimamente os colegas.
- Você viaja em férias ou em feriados com companheiros de trabalho.
- Você passou a praticar algum esporte para poder conversar sobre negócios com os participantes.
- Você aprendeu a gostar de alguns esportes para poder entrar nas conversas de colegas.
- Você se tornou mestre em fingir que está entendendo uma conversa, assentindo com a cabeça e sorrindo, para que ela tenha continuidade.
- Você descobriu a potência do motor do seu carro para poder comentar sobre o assunto com os rapazes no escritório.
- Você tem regras rígidas para as pessoas interagirem com você e se ofende imediatamente se alguém ultrapassa seus limites.
- Você acredita que a melhor defesa é o ataque.
- Você gosta de ter personalidade forte e irá atropelar as pessoas que cruzarem seu caminho.
- Você adora que se refiram a você como uma "força que tem de ser levada em consideração".
- Você irá atacar, se provocada, para demonstrar que leva a sério o que faz.
- Você acredita que, para ser um líder, é preciso impor sua autoridade sobre o grupo quando ele está sem direção.
- Você gosta de tratar as pessoas com mão de ferro em luva de pelica, sendo dura quando preciso, mas com consideração.

Compaixões! Quanto mais essas afirmações se referem a você, mais você está se diminuindo perante seus colegas homens no trabalho. Suponho que você não esteja conseguindo fechar alguns negócios. Não esteja sendo convidada para certas reuniões. Não esteja sendo levada a sério pelos colegas masculinos. Não esteja avançando na velocidade que você acredita ser possível. Soa familiar?

Você está se autossabotando. Agora você tem seu ponto de partida para o resto do livro.

Christopher V. Flett

REDENÇÃO DE UM HOMEM ALFA

Como a maioria dos Alfas, cresci à sombra do meu pai, um ex-policial forte e poderoso que na maior parte da vida administrou construtoras. Ele era um homem na verdadeira acepção da palavra: impetuoso, determinado, irredutível e bem-sucedido. Quando garoto, para mim, era difícil seguir seus passos. Nas férias de verão, eu acordava com ele, tomava o café da manhã e então trabalhava a maior parte do dia no átrio exterior da casa e no jardim – pintando cercas, ligando cabos, cuidando das plantas, cortando grama. Eu via meus amigos andando de bicicleta, desfrutando as férias, mas eu só podia brincar com eles depois do trabalho e até o jantar. Em outras ocasiões, eu também saía depois do jantar. Eu costumava reclamar com meu pai que aquilo não era justo e que o verão era para as crianças se divertirem. Ele respondia apenas que faltava disciplina a meus amigos e aos pais deles e que ele estava me criando para ser diferente. Eu combinava com meus amigos para eles pedirem a meu pai deixar que eu brincasse com eles – e, de vez em quando, isso funcionava. Mas, fundamentalmente, meus verões eram de trabalho. Lembro-me de ser o único garoto que ficava contente quando as aulas recomeçavam porque significava que eu teria tempo para me divertir durante o recreio e o almoço, assim como depois das aulas.

Meus pais se divorciaram quando eu estava na quinta série e eu me mudei com minha mãe para uma cidade maior, cerca de 90 minutos ao sul da minha cidade natal. Quando minha mãe se casou de novo, três anos depois, tive minha primeira impressão sobre o que eram os sindicatos. Meu padrasto, um dos maiores homens que já conheci, era um homem de sindicatos. Ele tinha muitos contatos porque o pai dele foi um líder sindical. E, apesar de ser um trabalhador dedicado, ele comprou a ideia de que os patrões deviam algo mais a ele pelo seu trabalho duro. Quando jovem, aprendi lições com meu pai, Homem Alfa (que parecia conseguir tudo), e com meu padrasto, Homem Beta (que parecia que nunca conseguia o suficiente). Foi uma época confusa para mim, mas eu estava mais propenso a tentar ser como meu pai, porque gostava de fazer coisas que exigem dinheiro. Lembro-me do meu pai dizendo: "Os Fletts são bons em tudo que valha a pena. Para fazer o trabalho pesado, você contrata alguém". Outra lição que ele me ensinou quando eu era jovem e que eu nunca esqueci: "Se você quer ser um líder, simplesmente assuma a liderança. Não a reivindique. As pessoas ficam frágeis e inconfortáveis quando não têm a quem seguir. Os Fletts oferecem essa liderança". Você imagina como isso alimentou, e ainda continua a alimentar, meu ego.

A GRAMA ERA MAIS VERDE NO QUINTAL DO VIZINHO

Quando eu estava na segunda série do ensino médio, minha mãe e meu padrasto me arrumaram um emprego na rede de *fast food* A&W, em Kamloops. Era um trabalho horroroso. Eu era um ajudante de cozinha, o que significa garantir que todos os ingredientes estejam disponíveis, que os cozinheiros tenham o que precisam, que os refrigeradores estejam cheios etc. Era um trabalho horrível, e o pior era um bando de mulheres endiabradas que trabalhavam na cozinha. Elas puseram na cabeça que tinham de me punir porque eu era homem, e os maridos delas, uns idiotas. Elas me ridicularizavam, colocavam-me para contar picles dentro de dez barris (em uma semana descobri que isso não era necessário) e no geral, eram inconvenientes. Meus amigos trabalhavam com os pais deles em paisagismo e jardinagem, em construção e em outros serviços "de homem", faturando de US$ 8 a US$ 10 por hora. Eu era o burro de carga de uma cozinha, sendo tratado como um idiota e ganhando US$ 3 por hora.

Decidi sair e montar minha própria empresa. Tinha 15 anos e pensei que não seria muito mais difícil cortar grama. Depois de checar com meus amigos se os pais deles poderiam me dar algum trabalho e descobrir que "não", decidi fazer uma proposta de negócio para minha mãe e meu pai. À mesa do jantar, deixei a comida ser servida antes de propor o negócio. Se meu pai e minha mãe me emprestassem US$ 300 para eu comprar um cortador de grama elétrico com coletor (assim você não precisa apanhar depois a grama cortada), eu pagaria de volta a eles até o fim do verão. Minha mãe me olhou carinhosamente e disse: "Não". Eu então olhei para o meu padrasto, que sempre ficava do meu lado, e ele disse: "Chris, você devia estar feliz por ter um emprego". Fiquei chocado. Os pais deviam apoiar os filhos, e meus pais estavam deixando a peteca cair. Tudo bem, pensei, tenho um pai empreendedor em Vancouver que ficará tão impressionado com a minha ideia que provavelmente mandará o dinheiro na mesma hora. Telefonei para meu pai e expus a ideia, e ele disse: "Chris, é uma grande ideia. Você devia fazer isso, mas eu não vou te ajudar. Você não quer ser o cara cuja companhia o pai construiu. Encontre um jeito de concretizar sua ideia por si mesmo". É brincadeira? Meu pai empreendedor não ia nem financiar o sonho do seu garoto. Então, decidi que minha mãe e meu padrasto, um pouco socialistas demais para o meu gosto, seriam alvo de um ataque verbal toda vez que nos sentássemos para jantar, até que eu ganhasse pelo cansaço. Isso levou cerca de duas semanas, até que minha mãe, à beira de um ataque de nervos, gritou do outro lado da mesa: "Vou te emprestar os US$ 300, mas os quero de volta até o fim do verão e quero também o cortador de grama!" Raciocinei que minha mãe pensou que seria um preço alto demais para eu aceitar, mas eu não perdi a oportunidade. De qualquer forma, que diabo eu ia fazer com um cortador de grama depois do verão? Eu e meu padrasto fomos até a Sears apanhar o cortador de grama e então fiz umas filipetas para distribuir nos acampamentos de *trailers*. Kamploops, cidade onde nasci, é infestada de acampamentos de *trailers* na zona oeste. Estou falando de milhares de *trailers* (ou casas móveis). Por US$ 10 por semana, eu limpava um jardim de 5 metros quadrados, cortava a grama e arrancava as ervas daninhas, arrumava a parte sob o toldo onde colocam o carro e punha o lixo para fora. Como você pode imaginar, os estacionamentos de *trailers* são habitados principalmente por idosos, e eles viram esse empreendedor fofinho de 15 anos dando sopa e não resistiram. Confesso que minha intenção era apenas ganhar mais de U$ 3 por hora. No fim da primeira semana eu já tinha 500 clientes. Eu não tinha como dar conta deles. A cidade tinha uma lei que só permitia que se fizesse barulho das 8 da manhã às 8 da noite. Eu estava fazendo uma fortuna, mas tive de recorrer a meus amigos que também tinham empregos intragáveis para me ajudar. A companhia cresceu durante o verão, e eu ganhei mais em três meses do que a maioria dos advogados ganhava em um ano. Eu escondi isso dos meus pais para evitar sermões, mas senti o gostinho de como é viver bem.

CHUTADO PARA FORA DA ESCOLA

Quando fui para a universidade, comecei com um curso de ciências econômicas, já que minha mãe me convenceu da importância de ser formado na área de economia. Meu pai não se mostrava entusiasmado com a ideia de eu ter uma graduação. Ele sabia que isso podia me ajudar, mas acho que ele viu a faísca do empreendedor se acender em mim e temia que os estudos de economia me atrapalhassem. A escola que frequentei em Kamloops não atraía os melhores professores na área de negócios, para dizer o mínimo. Acho que a maioria abandonou algum cargo numa escola regional de agricultura e passou a dar aula seguindo cartilhas que já existiam quando Warren Buffett começou a se interessar pelo mercado de ações. Era massacrante. Toda aula eu provocava o professor, pedindo para ele dizer qual era a utilidade prática daquilo que ele ensinava. Mas esses professores, que estavam se escondendo do mundo real, raramente eram capazes de dar um exemplo diferente daqueles que constavam nos livros-texto.

Admito, eu era um chato. Um falador, um perturbador da ordem e uma pedra no sapato daquelas pessoas. Meu pai me disse: "Você está pagando uma alta grana para esses caras te ensinarem. Então, não fique apenas sentado lá anotando as coisas. Use-os como assessores. Faça-os responder às perguntas que te interessam". Foi o que fiz – e selei meu destino na universidade. Quando eu estava na fila para me matricular para o terceiro ano (isso na época em que não havia matrícula automática por telefone nem pela Internet), o diretor para assuntos estudantis veio até mim e me chamou para uma conversa. Eu não queria perder meu lugar na fila, mas ele adiantou que "depois da nossa discussão isso não seria um problema". Lembro-me de que não temi conversar com ele. Eu era um estudante medíocre e um problema na sala de aula. Assumi que ele ia me expulsar da faculdade, e pensei: "Isso pode vir para melhor. Posso abrir outra companhia". Na verdade, ele me fez sentar e disse que três dos professores da faculdade de ciências econômicas se recusavam a ter-me em suas aulas, que eram matérias obrigatórias, e que minhas notas não eram boas o suficiente para permitir uma transferência. Então, para não magoar minha mãe, ele sugeriu, era melhor que eu começasse a fazer um curso de ciências (acho melhor não) ou um curso de artes (recepcionista de McDonald's). Disse a ele que preferia sair, mas ele me convenceu a fazer um curso de artes. Acabei tendo professores excepcionais em história e filosofia, os quais me deixaram estudar partes tangenciais da história e da filosofia que me interessavam (como o crescimento da indústria norte-americana e o modelo gerencial japonês). Sempre que eu passava pelo departamento de economia ou pelas pessoas da faculdade que eu conhecia, crescia em mim o desprezo por aqueles que disseram que eu não servia para a área de negócios. Lembro-me do diretor da universidade dirigindo-se a mim pouco antes da formatura: "Chris, é melhor você fazer direito para poder ser algo na vida".

CONSTRUINDO UM *THINK TANK*

Terminada a faculdade, fui direto trabalhar para a BC Hydro, a companhia elétrica da região. A companhia era um caos. Por toda a parte, uns se achavam melhores do que os outros e se esfaqueavam pelas costas e nada parecia estar sendo bem feito. Todos estavam tão preocupados em manter seus respectivos empregos que eles simplesmente não se moviam. Em tom de brincadeira, diziam que, quando todos conversavam, eles estavam tendo um "encontro seguro", já que, se ninguém estava fazendo nada, ninguém iria se machucar. Eu fiquei lá por seis meses e, depois de ter meus planos de *marketing* ou rejeitados ou engavetados, pedi demissão às 13h26 de uma sexta-feira sem qualquer aviso prévio. Meu chefe na época sorriu e disse que iria me dar uma boa carta de recomendação. Segundo ele, eu era empreendedor demais para trabalhar na Crown Corporation e, portanto, deveria tentar fazer algo por conta própria. Lembro-me de ter esperado a Jacqui chegar em casa para contar para ela. Ela sabia que eu estava insatisfeito, mas ficou chocada por eu não tê-la avisado. Minha esposa me perguntou onde eu iria trabalhar, e respondi que ia montar minha própria empresa. Ela me apoiou, mas sei que Jacqui não se sentiu confortável. A família dela não é empreendedora; para eles, começar um negócio é algo arriscado demais. Pensei comigo: "Tenho US$ 6.000 no banco, só preciso de um nome e estou pronto para seguir em frente!" Na manhã seguinte, eu estava de bobeira assistindo a CNN e vi um grupo de jovens políticos que se uniram para propor soluções para problemas econômicos, e eles se apresentavam como um *think tank*. Pensei comigo: "Belo nome". A partir desse momento, a Think Tank Communications começou a funcionar.

No início, queria fazer pesquisa comparativa para cidades tentando atrair negócios. Basicamente, eu era um caçador de talentos, mas, em vez de caçar pessoas, eu caçava companhias que queriam se mudar (ou que poderiam ser convencidas a fazê-lo). Aos 24 anos, eu era um bacharel em artes que tinha passado seis meses enterrado em uma companhia prestadora de serviço público. Sem ter atrativo nenhum para oferecer ao mundo dos negócios, percebi que tinha de ser rápido, agressivo e cavar meu próprio espaço no mercado. Tive reuniões constantes por uns seis meses até que a companhia começou a deslanchar. E uma vez que começou, nunca mais olhei para trás. Com três meses de companhia, os outros consultores em Kamloops (um bando de burocratas patéticos) me convidaram para um encontro. Lembro-me de ter ficado excitado com a ideia de, juntos, podermos explorar formas de ganhar dinheiro. Nos encontramos em um restaurante na beira de uma estrada, e cinco deles se sentaram à mesa comigo. Um disse: "É assim que funciona. Todos compartilham os trabalhos que chegam. Estamos fazendo isso há muito tempo. Você é novo, não tem MBA, e tem pouco para pôr na mesa. Fique fora do nosso caminho e poderemos jogar algumas migalhas para você". Olhei para eles perplexo. Esses nojentos, hipócritas, vão me dizer como as coisas vão funcionar? Acho que não! Olhei na cara de um dos idiotas e disse: "Em um ano, muitos de vocês estarão lambendo minhas botas. Aguarde meu telefonema". Levantei-me e andei com as mãos estrategicamente enfiadas nos bolsos, para ninguém notar que elas tremiam. Decidi naquele momento que iria até o fim com o projeto, que iria ou torná-lo grande ou morrer tentando.

Com essa obsessão (eu contra eles), trabalhei como um louco na região. Viajei por toda a província fazendo contatos, conseguindo trabalhos e me fortalecendo. Naquele primeiro ano, três dos cinco consultores realmente acabaram fazendo algum trabalho para mim. Meu ego estava crescendo o tempo todo. Pensei que ninguém conseguiria me parar. Se um concorrente ousasse entrar no meu caminho, ou ele me dava preferência ou eu iria destruí-lo. É surreal pensar nisso hoje, mas lembro-me de ter pegado trabalho cobrando abaixo do preço de mercado para fazer com que competidores com altos custos de produção não pudessem arcar com sua folha de pagamento. Eu ajudava seus empregados a se tornarem autônomos, apenas para dar-lhes algum pequeno serviço e nunca mais usá-los de novo. Eu cheguei a enviar mensagem de pesar para concorrentes quando conseguia fazer com que algum de seus funcionários mais importantes se demitisse ou quando roubava um contrato deles por baixo do pano. Eu era o grande tubarão branco, no topo da cadeia alimentar, e dormia muito bem à noite.

BOAS NOTÍCIAS, MÁS NOTÍCIAS, MÁS NOTÍCIAS

Em 2000, inscrevi-me em uma conferência em Calgary sobre desenvolvimento econômico. Eu era o novo garoto no pedaço e estava criando *frisson* com minha habilidade de levantar recursos governamentais para projetos. Alguns me apelidaram de "O Homem do Dinheiro", enquanto outros me chamavam de "O Incendiário". Gostava de pensar que ganhei o último apelido porque eu conseguia fazer as coisas acontecerem, mas acho que a maioria o usava porque eu criava encrenca. Decidi fazer de carro a viagem de quase nove horas entre Kamloops e Calgary, e meu pai, em Vancouver, pediu para ir comigo para poder visitar minha irmã, que vive em Calgary. Pensei em tudo que ia conversar com ele (tudo bem... eu ia me vangloriar com ele) durante a viagem. Os homens na minha família são tão animados quanto mestres em rebaixar os outros. Peguei meu pai com um Jeep em Vancouver e rumamos para o norte. Depois de umas duas horas de viagem e de um bate-papo inicial, eu estava pronto para apresentar minhas "credenciais". Meu pai me conteve e disse: "Tenho boas notícias, más notícias e péssimas notícias. Quais você quer ouvir primeiro?" Por ser o tipo de cara que arranca o Band-Aid no puxão, respondi: "Dê-me as más notícias". Meu pai olhou para mim e disse: "Estou com câncer". Olhei para ele e – envergonho-me de admitir isso hoje – pensei, e daí? Os Fletts morrem de ataque cardíaco, normalmente pelo estresse e excesso de trabalho. Câncer não era uma grande preocupação para mim. "Para com isso", retruquei a ele. "Trabalhe até a tarde de quinta-feira, dê uma parada, emende a sexta-feira com o fim de semana e você estará pronto para voltar na segunda". Ele me olhou e disse: "É mais sério do que isso". Achei que ele estava dramatizando a situação e tentei mudar de assunto. "Qual é a péssima notícia? Eu também estou com câncer?", perguntei. "Não", respondeu ele, "mas você é uma vergonha para mim e para você mesmo". Acredito que um Homem Alfa só pode entender plenamente a devastação que essas palavras causam quando elas são proferidas por seu mentor. Passamos toda a vida tentando nos igualar a nossos pais para, então, ultrapassá-los. Eu acreditava que tinha feito as duas coisas, mas ouvir que ele estava envergonhado – isso basicamente destruiu meu disco rígido, se você entende o que quero dizer. Olhei para ele profundamente chocado. Ele continuou: "Quando um homem fica frente a frente com a morte, ele repassa na mente todas as cenas da sua vida. Cometi uma grande injustiça com você, incentivando-o a fazer as coisas da maneira que fiz. Agora, você está repetindo meus pecados, mas em uma escala maior. Seu avô estaria desapontado com nós dois".

Desviamos o carro para um ponto de parada na estrada. Eu estava perplexo. Fui ao banheiro e fiquei me olhando no espelho por uns dez minutos. Meu mundo tinha desabado. Senti-me como um pedaço de madeira seco recebendo uma machadada. Ele não parte completamente, mas você sabe que tem uma fratura bem no meio. Minha coluna vertebral, alma e ego, tudo foi amassado junto. Depois de me recompor e voltar para o carro, meu pai segurou meu braço e disse: "A boa notícia é que temos quase 18 horas de estrada para colocarmos as coisas em ordem". Olhando em retrospectiva, foi a primeira verdadeira conversa sobre negócios entre meu pai e eu em toda nossa vida. A partir desse ponto, que minha transformação teve início.

Quando voltei para casa depois da viagem e de muitas horas de conversa com meu pai, dei-me conta de como estava agindo lamentavelmente. O triste é que todos os Homens Alfa que eu conhecia me exaltavam por agir daquela forma. Decidi que tinha de mudar, minha vida profissional precisava mudar. Eu tinha de parar de vez de apoiar coisas que estavam congeladas no velho paradigma (o modelo que exige conflito, força, coerção, medo e dominação) e abraçar o novo paradigma – mas eu o desconhecia. Nas semanas seguintes, comecei a dissecar meu modelo de negócios e meu papel nele. Percebi, então, que havia tornado as coisas mais difíceis tentando me impor à força enquanto poderia ter promovido relações de negócios mais tranquilas. Reescrevi a declaração de objetivos da Think Tank. A antiga nos enaltecia e exaltava todas as grandes coisas que fizemos. A nova falava sobre a relação de 30 anos do meu pai com o barbeiro dele, que foi construída em cima do respeito mútuo e de responsabilidade. Eu a enviei a todos os meus clientes, e todos aqueles que a acharam engraçada, fraca ou estúpida foram demitidos no ato. É isso... demitidos. Naquele novo paradigma, prestadores de serviço deveriam realmente demitir clientes que não se encaixassem em seus princípios. Com isso, cerca da metade dos clientes da Think Tank foi demitida. E, seis meses depois da nossa nova declaração de objetivos, nossos lucros dobraram.

Foi aí que comecei a analisar nossas relações com os clientes. Dávamo-nos extremamente bem com as clientes mulheres e estávamos constantemente em disputa por posição com os clientes masculinos. Então, examinei mais a fundo por que as nossas clientes levavam muito mais tempo para alcançar resultados enquanto seus concorrentes masculinos passavam voando por elas. Reparei, então, no índice de sucesso. As mulheres têm um índice de sucesso muito maior do que o dos homens, mas levam mais tempo para alcançá-lo Nos três anos seguintes, a maior parte do trabalho que fiz foi controle de danos para clientes femininas que rompiam algum tipo de negócio com um parceiro Alfa. Notei que homem aconselha homem e mulher aconselha mulher. Eu acompanhei mulheres dissecando uma situação com um Homem Alfa, mas nunca vi uma mulher pedir conselho para um homem em condições de emitir uma opinião (ou seja, para outro Homem Alfa). E eu vi Homens Alfa massacrarem mulheres (destruirem suas carreiras – falo mais sobre isso depois) e nem terem a decência de assumir o que fizeram. Como é possível que homens e mulheres nunca conversem francamente entre si sobre como lidam com os negócios? As mulheres dominam o novo modelo de negócios, mas não estão no controle; os homens não entendem completamente o novo modelo de negócios, mas se acostumaram a ser os pilotos. Os negócios ficaram confusos, e somente aqueles que sabiam como os dois lados jogavam o jogo é que estavam realmente tendo sucesso. Tenho comigo que eu era a ovelha negra dos negócios. Eu tinha um bacharelado em artes, não um MBA. Eu era jovem, inexperiente e não esperava minha vez de falar. Tornei-me bem-sucedido aprendendo a me esquivar dos obstáculos. Então, via mulheres assumindo que os obstáculos eram apenas parte da longa estrada que elas tinham de percorrer. Percebi que, para os negócios terem continuidade, as mulheres necessitavam ser instruídas sobre como o Homem Alfa trabalha, além de serem convidadas a assumir a liderança. Foram os homens que criaram obstáculos para impedir a ascensão das mulheres no mundo do trabalho, mas as mulheres os deixaram intactos pelos últimos 30 anos. Era hora de pô-los abaixo e deixar que a nova liderança assumisse a frente. Leia este livro com uma posição crítica e conteste aquilo com o que não concordar. Ao mesmo tempo, incorpore aquilo que faça sentido para você. Este livro será bom para você na medida em que souber utilizá-lo da maneira adequada.

Fiz mais de 300 apresentações para grupos em todo o mundo e minha intenção é que esta conversa se espalhe como fogo. Quero que mulheres de todas as idades a conheçam – e com ela concordem ou dela discordem. Não estou polemizando sobre o que elas fazem. Meu objetivo é que haja essa conversa. Quando isso acontece, minha redenção é completa.

TERMINOLOGIA DO HOMEM ALFA

Sempre que faço apresentações, as pessoas me pedem para definir os termos que uso. Eu suponho que todos nós dominamos o mesmo vocabulário, mas, na realidade, o Homem Alfa usa termos próprios que só são compreendidos por outros Alfas. Vou tentar esclarecer alguns deles para que você possa entender melhor o que estou falando neste livro.

HOMEM ALFA

O Homem Alfa está no topo da cadeia alimentar. É ele quem traz os negócios e garante a comida na mesa. Ele é o principal sócio de um escritório de advocacia. Ele é o principal *broker* de uma financeira. Ele é o cara cujo nome está estampado em todos os lançamentos imobiliários da cidade. Ele é "o cara". Ele é o craque do time, o atirador de elite designado, a estrela. Ele é o cara que as mulheres desejam (aquelas atraídas pelo poder) e aquele que os outros homens queriam ser. Ele é o grande tubarão branco do oceano dos negócios.

PUXAR O GATILHO

Puxar o gatilho é uma expressão que os Alfas usam para se referir ao fechamento de um negócio. Para nós, tudo tem a ver com domínio, e o que pode expressar mais domínio sobre alguma coisa do que sua execução? No mercado, é comum homens dizerem que fizeram uma "execução". Ou que eles "executaram um negócio". Puxar o gatilho segue esse raciocínio. Algo entra em nossa mira (um cliente, um negócio, uma oportunidade) e dominamos a situação puxando o gatilho. Se você não consegue puxar o gatilho, você está fadado a ser propriedade de alguém. Caras bons em puxar o gatilho são chamados de "acertadores" ou "atiradores designados" – basicamente são os "camuflados" que você coloca em uma sala quando quer fechar um negócio.

CAMUFLADO

O camuflado é a arma secreta do Homem Alfa. Ele é um Alfa tão sutil, persuasivo, poderoso e convincente que, se alguém se sentar com ele, vai certamente assinar as linhas pontilhadas. Todo Alfa gosta de se imaginar um camuflado, mas, na verdade, somos especialistas em casos particulares. Sou muito forte com grupos de mulheres, enquanto outro camuflado pode ser excepcional com escritórios de advocacia, iniciadores de pequenos negócios, bancos etc. Pense no camuflado como um jogador de futebol profissional da primeira divisão que você leva para jogar no seu time de várzea. A superioridade é tão grande que os outros times tremeriam só de pensar nele entrando em campo.

EMPILHADOS

Você se lembra daquele aluno caxias, ou *nerd*, na escola, em quem alguém dava uma rasteira e o resto do grupo pulava em cima? Pois bem, em negócios, Alfas gostam de identificar empilhados que irão fazer o trabalho para nós. Gostamos de assumir a frente em projetos, mas, então, não fazemos o trabalho em si, porque essa parte não é muito divertida. Gostamos de sair à caça de novos trabalhos, não de fazer o trabalho que temos. Empilhado pode se referir a um subordinado que tem de fazer o que mandamos, mas normalmente se refere a colaboradores que não têm de responder a nós, mas podem fazer nosso trabalho do mesmo jeito. Precisamos de empilhados porque deixamos as coisas para a última hora e depois ficamos apavorados com a perspectiva de não acabarmos a tempo (não cumprir nossas metas é inconcebível e uma grande vergonha para um Alfa perante outros Alfas). Então, saímos à caça de empilhados. Entro no ambiente de trabalho e começo a procurar alguém para fazer meu serviço. Normalmente, faço isso na tarde de sexta-feira se tenho de entregar um trabalho na segunda. Veja um exemplo:

Primeiro passo: (Falando comigo mesmo, mas alto o suficiente para os outros ouvirem.)

"Puxa vida, tenho tanto trabalho para fazer e se não o fizer até segunda estarei encrencado..."

(Então eu espero. Se nada acontece, dou o segundo passo, mas quase sempre aparece um empilhado que quer ser útil.)

"Neste sábado é meu aniversário de casamento, mas acho que minha mulher vai entender se a gente adiar a comemoração por uma semana para que eu possa acabar esse serviço."

(Normalmente, isso faz aparecer todos os empilhados que conhecem minha mulher, as que são esposas ou os que querem evitar que eu tenha problemas em casa. Com isso, dá para conseguir uns dois ou três empilhados. Se eu não consegui empilhados suficientes para fazer todo o meu trabalho, vou para o terceiro passo).

"A parte mais complicada deste fim de semana é o torneio de beisebol do meu filho, e eu prometi a ele que não perderia mais nenhum jogo, mas eu tenho de manter uma boa situação no trabalho e acho que ele vai entender. Minha mulher pode ir em meu lugar..."

(Geralmente, isso faz aparecer o restante dos empilhados. As mães, as avós, as mulheres com irmãos pequenos – todos que imaginam meu filho chorando porque eu quebrei outra promessa que fiz para ele.)

Agora que me livrei da montanha de documentos que meus empilhados vão deixar prontos para mim na segunda-feira, estou livre para desfrutar meu fim de semana. Identifiquei as mulheres que querem ser úteis, aquelas que se preocupam com o meu casamento e aqueles que tentam me tornar um pai melhor. Agora tenho uma equipe para a qual delegar trabalho. Mas a situação só piora para os meus empilhados. Além de eu não ter a mínima intenção de algum dia ajudá-los em qualquer coisa (parecendo totalmente ocupado com supostos projetos quando eles pedirem ajuda), eu vou contar para meus companheiros Homens Alfa que você é um empilhado e que vale a pena se aproximar de você para conseguir sua ajuda (ela é uma ajudante básica, uma salvadora de casamentos ou uma apoiadora de pais). Agora meus colegas Alfa estão liberados para se divertirem comigo nos fins de semana enquanto os empilhados concluem nossos trabalhos.

ÂNCORA

O âncora é o que há de pior para o Homem Alfa. É uma pessoa que faz você se sentir como se estivesse nadando com uma âncora amarrada no pescoço enquanto você está fazendo negócios com ela. Trata-se de alguém que está no seu círculo de negócios e basicamente quer que você carregue a relação. Ela vai te encontrar, pedir conselhos, mas continuará tendo um desempenho no mínimo medíocre. Elas arrumam todas as desculpas do mundo para explicar por que não são bem-sucedidas, mas a verdade é que elas são ruins mesmo. Falta-lhes capacidade, mas alguém as mantém no cargo. Todos já vimos garotos com boias de braço na piscina. Os pais os seguram pelo calção, mas eles acreditam piamente que estão nadando. Sabemos que se os pais soltarem o calção, eles vão afundar como uma pedra. O âncora é aquela pessoa que faz negócios como aqueles garotos nadam. Parecem seguir bem se estão seguros, mas afundam quando deixados por conta própria. Alfas informam uns aos outros sobre âncoras assim como caminhoneiros advertem sobre armadilhas nas estradas. Cuidado, cuidado, cuidado! Se você é uma âncora, é apenas uma questão de tempo até que algum Alfa te detone e você saia do jogo. Se você não consegue estar à altura das expectativas, vá para um emprego que não exija habilidade.

DESCOBRIDOR/MANTENEDOR/AJUDANTE

Todos nos negócios são classificados por um desses termos. O descobridor é aquele que consegue encontrar trabalho, trazer oportunidades, puxar o gatilho, criar canais de vendas, ou seja, garantir que haja comida na mesa. O mantenedor é o administrador – aquele que garante que o trabalho será feito, mas não tem a habilidade para caçá-lo. O ajudante é o burro de carga que faz o trabalho pelo qual a empresa está sendo paga. Se o pai é o caçador que mata a galinha para a sopa, ele é o descobridor. A mãe mistura os ingredientes, põe a panela no fogo e cuida para que a comida fique boa. Ela é a mantenedora. O garoto, que tem de depenar o frango, descascar as batatas, cortar as cenouras e tudo o mais, é o ajudante.

Se observarmos pelo prisma dos negócios, você verá onde os Alfas inflam, mas muitas vezes lutam para alimentar, seus egos. Um escritório de advocacia tem Alfas tocando a firma como sócios administrativos. Esses talentosos podem ser bons advogados (técnicos), mas eles são ainda melhores trazendo trabalho. Um ou dois deles podem ser responsáveis por 50% ou mais dos negócios da firma. Eles saem com clientes para almoçar, para assistir a jogos de futebol, para partidas de golfe e para fins de semana "de garotos" em Las Vegas. Eles seduzem, atraem e puxam o gatilho com clientes e ganham seus serviços. A movimentação deles garante que o dinheiro esteja entrando na firma. Uma vez que o descobridor (Alfa) traz o serviço, alguém tem de garantir que ele será realizado. Normalmente, isso é feito por um sócio menor ou um associado sênior. Eles analisam a situação e determinam o que tem de ser feito. Eles definem os passos a serem dados, estabelecem prazos e tomam as medidas necessárias para garantir que o trabalho seja concluído no prazo certo. Esses são os mantenedores ou chefes de tropa. Assim, esses mantenedores olham para os pequenos associados trabalhando no porão perto da máquina de café e entregam a eles o trabalho a ser feito. Esses indivíduos são os ajudantes, e o papel deles é garantir que o trabalho será feito. Todos concordam que o coletivo é importante. Se os ajudantes não trabalharem, não haverá nada pelo que você poderá cobrar. Se os mantenedores não garantirem que o trabalho será feito adequadamente, pode haver aumento de custos, problemas de cronograma e outras situações difíceis. Mas em relação ao Alfa (descobridor), se ele não fizer seu trabalho o resto é irrelevante. Os outros só são importantes se ele tiver feito a sua parte. O sustento de todos depende da capacidade dele de puxar o gatilho, e é por isso que ele está no topo da cadeia alimentar.

LAMA

Lama é o termo que os Alfas usam para se referir às pessoas abaixo de nós. Ajudantes e mantenedores são frequentemente chamados de lama porque eles não sabem o que é a boa vida ou não a desejam. Nós Alfas temos dois ditados que usamos o tempo todo uns com os outros e rimos todas vezes que os ouvimos.

O primeiro é: "Quem diz que o dinheiro é a raiz de todos os males não tem dinheiro nenhum". O segundo: "Dinheiro não compra felicidade, mas posso estacionar meu mega iate bem ao lado da felicidade, o que já está bom para mim".

Lama também pode ser usado como sinônimo de "merdas". Alguns exemplos de como usamos o termo no dia a dia dos negócios:

- "Toyotas são lama".
- "Eles são da classe lama voadora" (classe econômica em um voo). Até nos referimos à cortina que divide a classe executiva da classe econômica de "tapa lama".
- "Isso é trabalho de lama. Dê para um empilhado".
- "Sua equipe de vendas é lama. Você precisa de alguns camuflados para puxar o gatilho".

Você pode ver por esses exemplos que o vocabulário dos Alfas funciona muito bem entre eles. Lama é o fim da picada. É a loja de R$ 1,99, é viajar de ônibus, é o carro que sua avó deixa para você no testamento.

GERADOR

Este é um termo subjetivo e tem uma quantificação diferente de acordo com o Alfa que o usa. Como estamos sempre buscando alcançar uma posição mais exclusiva, usamos o termo gerador para definir qualquer um que ganha muito dinheiro. Quando um Alfa ganha US$ 100 mil por ano, para ele, um gerador é aquele que ganha pelo menos US$ 100 mil por ano. Quando ele ganha US$ 200 mil, um gerador não é aquele que faz US$ 100 mil, mas o que faz no mínimo US$ 200 mil. A definição continua a agregar valor à medida que ele ganha mais dinheiro. Pense no ciclista americano Lance Armstrong quando ele está num *sprint* em uma prova. Todo mundo no grupo é ciclista, mas quando os músculos dele começam a saltar naquelas pernas, ele se torna um verdadeiro ciclista, e os demais não passam de caras comuns dando um passeio de bicicleta. Nós, os Alfas, gostamos de usar gerador como uma medida padrão desde que façamos parte do grupo. Se meus amigos pensam que US$ 250 mil por ano é nível gerador e só estou ganhando US$ 185 mil, eu não fico contente. Esse é um ponto de discussão sempre que os Alfas batem papo. A discussão sobre quanto vale um gerador é uma maneira de testar as águas para saber quanto cada um está ganhando.

BANCO OU BANQUEIRO

Esses dois termos se referem basicamente aos muito, muito ricos. Definimos como rico alguém com muito dinheiro. Definimos como riquíssimo aquele com bens que crescem o tempo todo. Um homem pode ser rico se ganhar US$ 100 mil por ano, tiver uma bela casa e carro quitados e casas de lazer. Um homem é riquíssimo se ele pode ficar em casa sem fazer nada o dia inteiro e ainda assim ganhar uma fortuna. Quando um homem junta muito dinheiro, nós o chamamos de banqueiro. Ele ganha tanto dinheiro que é difícil gastá-lo. Ele efetivamente se torna um banqueiro. Usamos o termo "banco" se alguém está ganhando muito dinheiro. Veja como usamos a gíria:

- "Suas ideias fazem muito sentido, por que você não conversa com um grupo de banqueiros e vê se não consegue que algum entre no barco e te financie por alguns pontos (porcentagem de um negócio)?"
- "Estou ganhando um banco com aquele negócio. Não para de entrar. Não tem como eu gastar o que vai entrar este ano, a não ser que eu compre um caminhão de casas".

Um banqueiro está definitivamente em um escalão superior no mundo dos Homens Alfa. Conheço caras que têm uma linha de crédito para eventuais negócios de US$ 4 milhões, com garantia pessoal. Isso é um "banco".

BOCA

Uma boca é uma mulher que não consegue ficar calada. Ela promete que vai guardar um segredo, mas você sempre descobre que ela contou para alguém. Quando questionada, ela reage com surpresa "não tendo percebido que tudo era sigiloso". Esse tipo de mulher ou é rapidamente enterrada ou simplesmente acaba se enforcando. Minha colega Liz sempre comenta: "O tempo não é mais comprido do que a corda". Dê corda e tempo suficientes para essas pessoas e elas acabarão se enforcando.

DEDO-DURO

O dedo-duro é a versão masculina da boca. Não se pode confiar nele. Ele é quase sempre um Homem Beta e tenta usar a informação como moeda de troca para obter favores. Esse cara vai ter uma vida profissional horrorosa porque os Alfas vão atacá-lo por esporte, por vingança ou simplesmente porque o dedo-duro não tem lugar no mundo dos negócios. Os Alfas trabalham respeitando um código de honra entre eles, algo não compartilhado com os Betas ou com a maioria das mulheres. E um Alfa nunca trai um companheiro. Um Alfa nunca sai com a ex de um amigo. Um Alfa nunca trai a confiança, especialmente quando dá a palavra. Temos um ditado nos negócios: "Existem dois tipos de pessoas que são mortas na prisão: pederastas e dedo-duros".

Em negócios, se um Alfa identifica um dedo-duro, nós damos uma parada no que estamos fazendo a fim de tornar a vida dele tão miserável que ele vai pensar que Deus em pessoa está destruindo sua carreira. Entre os policiais existe a "tênue linha azul"; entre os militares, "segredos de trincheira"; no crime organizado, "conversa à mesa do jantar"; e nos círculos de negócios, "uma conversa que não é para ser revelada". Quebre o código em qualquer um desses casos e as consequências serão rápidas e severas.

VADIA

Toda mulher americana assume que quando um homem é intimidado, perturbado, frustrado ou irritado por uma mulher forte, ela é chamada de "vadia". Nada poderia estar mais longe da verdade. Posso contar nos dedos de uma mão as vezes que ouvi um homem se referir a uma mulher em um ambiente de negócios como uma "vadia". Pensando nas últimas 48 horas antes de eu ter escrito este texto, vou precisar dos dedos das mãos e dos pés para contar as vezes que ouvi um homem ser mencionado como uma "vadia". Alfas usam o termo "vadia" para insinuar que alguém é submisso. Exemplos:

- "Tom, ouvi que você perdeu aquele negócio. Se você quiser, pode vir datilografar cartas no meu escritório. Acho que você daria uma boa vadia de escritório, agora que sabemos que você não consegue fechar negócios".
- "Dave, agora que estou ganhando o dobro do que você ganha, você gostaria de ser minha 'vadia' pessoal? Você pode me trazer café, lustrar meus sapatos – você sabe, fazer tudo aquilo no que você é bom".
- "Você viu como o Kevin perdeu aquele negócio? Que vadia".
- "Você disse que não pode ir à conferência? Sua mulher não quer que você vá? Deixe de ser a vadia dela, vadia".
- "Vamos lá, pessoal! Temos de fechar aquele negócio. Vocês querem que aquelas vadias choronas ganhem nossos clientes?"

Usamos esse termo para provocar uns aos outros ou para desqualificar competidores com os quais estamos disputando negócios. Homens usam esse termo como admissão de uma hierarquia – nenhum Alfa quer ser chamado de vadia. Nunca.

MISERÁVEL

Um miserável é um pretendente a Alfa ou um Alfa que ainda não conseguiu grandes feitos. Ele usa Rolex falso. Ele fala que a casa onde mora é própria, mas na verdade é alugada. Ele tem um carro em *leasing* mais luxuoso do que aquele que ele poderia comprar. Ele age como se conhecesse uísques, charutos e relógios. Ele é um papudo. Quando Alfas realizados ficam sabendo que um miserável está "assumindo o papel", eles o fazem de "vadia". Eles falam sobre o *leasing* do carro dele, perguntam como ele se sente pagando o financiamento da casa de alguém, que ele deveria tomar cuidado ao lavar as mãos usando aquele relógio vagabundo. "Miserável" também pode se referir a um cara que não consegue fechar negócios. Ele pode chegar até à apresentação, mas então ele é desclassificado. Alfas se orgulham da capacidade de fechar negócios suculentos. Miserável é a degeneração da espécie.

ENTERRAR SOB SETE PALMOS

Este é o meio que usamos para sabotar sua credibilidade e sua carreira. Ele vem por baixo (raramente você o vê chegando), e tem um efeito devastador para sua posição nos negócios. Vamos discutir sobre isso mais à frente.

HIERARQUIA

Em poucas palavras, hierarquia é como as pessoas se comparam em relação umas às outras. Alfas estão no topo, seguidos pelos Homens Beta (facilmente controlados pelos Alfas), Mulheres Alfa (dirigidas) e Mulheres Beta (apoiadoras e, muitas vezes, empilhadas). Finalmente, no escalão inferior estão as bocas, os miseráveis e os dedo-duros.

TAGARELAS

Assim é como nos referimos às mulheres que deveriam ajudar na criação de redes de contato durante eventos, mas que acabam falando apenas com as mesmas pessoas da última vez e não conseguem nenhum negócio novo. Mulheres em eventos do tipo são como tagarelas – jogam conversa fora, aconchegam-se umas às outras, dão risadinhas, preocupam-se que todas estejam incluídas, falam sobre suas vidas e não realizam absolutamente nada. Você pode considerar que eu esteja fazendo uma grande generalização, mas pense em quantos negócios você conseguiu participando de eventos para formação de redes de contato. Mais ou menos que seus colegas homens? Mulheres ficam ocupadas conversando enquanto os Alfas desenvolvem poderosas redes de contatos. Existe uma grande diferença!

PROCRIADORAS

Essas são mulheres que estão constantemente em licença-maternidade. São mulheres que causam grandes transtornos nos negócios porque elas não assumem a responsabilidade devida. Existem mulheres que entram no escritório do patrão e jogam a bomba: "Estou grávida! Fique feliz por mim!". Ela então sai e fica pensando o que vai fazer em seu período de licença. O patrão ou consegue que alguém faça a cobertura dela (reduzindo assim seu estoque de empilhados) ou contrata alguém temporariamente. Sei que não vai ser simpático, mas tenho de dizer: se você vai ter filhos, não transforme isso em um problema para os outros. Assuma a responsabilidade por tudo, inclusive por suas tarefas! Se você vai até o seu patrão com um plano para que a vida dele não se torne mais difícil porque você vai ser uma procriadora, ele ficará surpreso, feliz por você e você voltará na mesmíssima posição em que estava quando saiu (na ordem hierárquica). Se a sua prole tornar a vida dele mais difícil, ele vai procurar uma forma de te enterrar sob sete palmos antes de você engravidar de novo.

MODELOS DE NEGÓCIOS DOS ÚLTIMOS 50 ANOS

Tem havido muita conversa sobre como a economia mudou desde a Segunda Guerra Mundial. Foram escritos livros sobre as mulheres entrando no mercado de trabalho, a família atômica, os pais trabalhadores e a perda da coesão familiar, o casal DRSF (Dupla Renda e Sem Filhos), e por aí vai. O que não temos observado é exatamente o que está acontecendo neste momento com a política de gênero nos escritórios, como os últimos 30 anos levaram a isso e por que, no modelo atual, os Alfas ainda guardam o quintal, mas perderam seu porrete. Quero compartilhar com você minhas impressões sobre o que ocorreu e como vejo o início de um paradigma nos negócios que pode durar muito, muito tempo.

ANOS DE 1980

Meu pai e minha mãe trabalharam no setor imobiliário durante o *boom* dos anos de 1980 na América do Norte. Eles fechavam negócios a torto e a direito. Minha mãe vendeu 17 casas em um mês, e meu pai fechava negócios diariamente. Os anos de 1980 foram de extravagância, indulgência e excessos. Foi a época de dirigir carrões, viver em grandes casas, ter um grande emprego. O filme *Wall Street – Poder e Cobiça* resume bem como eram os negócios naquela década. Lembro-me de ter assistido àquele filme todo fim de semana quando eu era um garoto, entre os 11 e os 17 anos. Tinha de comprar novas cópias quando as velhas arrebentavam. Gordon Gecko, interpretado por Michael Douglas, é o definitivo Homem Alfa. Ele trabalha em um grande escritório, conseguindo grandes negócios. Ele é ocupado demais para sair do escritório e comprar ternos sob medida. Logo, seu alfaiate vai até ele e tira suas medidas enquanto o executivo está com fones de ouvido e fechando negócios por telefone. Gecko tem os melhores lugares nos restaurantes, o melhor apartamento e um imenso *staff*. Os outros homens fazem de tudo para ter negócios com ele. Gordon dá o tom dessa geração ao proclamar: "É bom ser ganancioso!". Meu Deus, eu amava aquele cara e passei grande parte da minha juventude tentando imitar seu jeito de ser. Minha família não ajudava. Minha mãe dirigia um Cadillac novo. Eles começavam a trabalhar às 7 da manhã e normalmente voltavam para casa por volta das 9 da noite. Formávamos uma família poderosa. Quando minha mãe mostrava casas à venda a potenciais compradores, minha função era deixar os legos em um determinado espaço de lazer e, assim que as famílias chegavam, eu me apresentava às crianças e as chamava para brincar. Se os pais não estavam sendo incomodados pelos filhos, eles tinham mais tempo para olhar a casa e minha mãe, mais tempo para "jogar o anzol". Os pais começavam até a imaginar os pequenos Jimmy e Becky na sala de brinquedos desfrutando a nova casa. Meus pais foram parte da máquina dos anos de 1980 que estabeleceu a hierarquia na sociedade nas décadas seguintes. Foi um grande tempo para os Alfas e serviu basicamente para eles de rascunho sobre como o mundo deveria funcionar.

Lembro-me de meu pai me dizendo que, para se tornar um Homem Alfa, era preciso entrar em uma universidade, conseguir um emprego fantástico e então, por volta dos 40 anos, criar sua própria companhia (uma vez que você tenha entendido os princípios dos negócios) ou começar a subir a escadaria de marfim até uma posição sênior. Lembro-me de quando criança ter ficado confuso com o *frisson* de se ter uma chave do banheiro executivo! Os anos de 1980 foram o apogeu dos Alfas, que prosperaram e acreditaram que eles nunca iriam acabar. O modelo que seus pais e os pais dos pais deles trabalharam para criar se tornara finalmente uma realidade. Perdi a conta dos dias em que meus pais me pegavam na escola e íamos direto para o *shopping*. Comprávamos tudo o que queríamos e, olhando para trás, hoje não sei dizer se gostávamos do que comprávamos ou se gostávamos mesmo era de comprar. Naquele momento, eu sabia que, se seguisse aquele modelo, seria rico, poderoso e invejado. Mas aquele modelo não durou muito.

ANOS DE 1990

Nos anos de 1990, surgiram novas tecnologias e, de repente, adolescentes de 15 anos em seus porões e garagens começaram a desenvolver aplicativos e ideias que os tornaram milionários da noite para o dia. Quando essas mudanças começaram a ocorrer, os Alfas prenderam o fôlego, assumindo que se tratava de uma mera mancha na tela de radar e que o mercado a corrigiria. Cara, eles estavam errados! Companhias de tecnologia começaram a receber financiamento e a dominar o mercado de ações. CEOs de 21 anos davam volta ao mundo bancados por capitais de risco fechando contratos para *softwares* e tecnologias que só existiam na teoria. Eles ocupavam espaços caríssimos em centros de negócios mundiais e desfrutavam a boa vida. Os Alfas olharam para esses candidatos a Bill Gates e perceberam que o modelo havia mudado radicalmente. Em outras palavras, os Homens Alfa haviam dado um duro danado para que seu modelo finalmente funcionasse com perfeição para, então, aparecem uns garotos com seus *laptops* e tomarem conta de tudo. Havia apenas uma opção: deixar as corporações e se incorporar a essas novas companhias com operações de capital de risco ou se tornando altos assessores!

Muitos Homens Alfa que haviam seguido a receita do sucesso abandonaram aquele modelo e se uniram à revolução tecnológica. Eles retiraram sua previdência corporativa e previdência privada e investiram nessas jovens companhias. Eles abandonaram seu horário comercial (que para os Homens Alfa é das 6 às 21 horas) e foram se sentar em conselhos consultivos, assumiram novos papéis nas novas companhias com novos títulos (Vice-presidente de Pessoal, Vice-presidente de Investimento Criativo etc.) e tomaram conscientemente a decisão de cavar um espaço que pudessem dominar nesse novo modelo.

Muito dinheiro girou nos anos de 1990. Apesar de os Alfas que subiram a bordo terem se dado bem, acho que muitos deles sentiram certo desprezo por aqueles outros homens, uns 20 anos mais jovens do que eles, desfrutando o mesmo nível de sucesso, ou superior, ao deles. Homens Alfa acreditam que você conquista seu espaço à mesa de jantar, e muitos daqueles jovens não haviam passado por escolas de ciências econômicas, não tiveram experiência em administração e, na maioria dos casos, não eram Alfas. Esses garotos tecnológicos eram quase sempre Homens Beta, que detestam conflitos, são apaixonados pelos desafios do trabalho (não inteiramente motivados pelo dinheiro) e pensam que suas companhias são seus filhos (Alfas constroem companhias para vender). Betas não têm a mentalidade de matador e acham que os Alfas são agressivos demais. Alfas odeiam essas pessoas porque elas os fazem pensar em sua versão mais fraca, e isso lhes causa aversão. Os Alfas tiveram de engolir um remédio amargo, um pouco adocicado apenas pela quantidade de dinheiro que estavam ganhando na nova posição.

A correção do mercado, que os Alfas acreditavam ocorreria imediatamente, levou quase uma década, mas, quando aconteceu, houve baixas. Os Alfas, acreditando que viviam uma nova corrida do ouro, abandonaram todas as melhores práticas que os tornaram bem-sucedidos (pesquisa de competitividade, cartas de intenção de compradores em potencial, uso de financiamento criativo em vez de seu próprio dinheiro) e pularam na água sem saber se era seguro. Isso confirmou a noção de que os Alfas "atiram, preparam, apontam", ao contrário de seguir o curso normal de "preparar, apontar, atirar". Na empolgação de que aquilo era "a próxima melhor coisa", os Alfas abandonaram todas as ferramentas que os ajudaram a construir tanto sucesso. Os Alfas esqueceram até mesmo de seu Plano B (seu plano alternativo caso tudo desse errado), o que os obrigou a se comprometerem inteiramente com esse novo modelo e, então, a sorte estava selada. A maioria das novas empresas de tecnologia não tinha um modelo de negócios. Muitas não tinham sequer um plano de negócios; na verdade, elas usavam prospectos de investimento. Tampouco contavam com clientes ou parceiros, muito menos canais de vendas estabelecidos. Elas eram simplesmente ideias que foram supervalorizadas e, quando explodiu a bolha da Internet, foi como fogo em pasto seco. Tudo virou fumaça. Apenas as gigantes, como a Amazon, sobreviveram. Muitas empresas pomposas, como a Nortel, sofreram perdas enormes e forçaram uma geração inteira a postergar a aposentadoria depois que suas poupanças evaporaram.

Alfas, apesar de terem sangrado muito, colocaram suas pinturas de guerra e decidiram rever o antigo modelo de negócios usando o melhor da nova tecnologia. *E-mail*, videoconferência e apresentações *on-line* foram incorporados como novas ferramentas a seu arsenal de negócios. Eles combinaram as velhas práticas de estratégia de negócios com avanços tecnológicos, o que permitiu a eles "trabalhar o mundo". Eles penetraram nos novos mercados com o mesmo vigor e desdém de outrora, lembrando que o mundo era grande e pensando que poderiam andar por ele como quisessem sem ter de assumir as consequências. A outra grande coisa que descobriram sobre tecnologia era que você não precisava mais se reunir com seus clientes. Você podia chegar até eles via *e-mail*, videoconferência, responder a suas preocupações através de *call centers* automatizados e cobrá-los automaticamente.

O que os Alfas esqueceram é que a mesma tecnologia que os permitia trabalhar o mundo também permitia que o mundo falasse entre si. A mentalidade de negócios de "estuprar e saquear" e de "pôr para baixo e queimar" os seguia para todos os lugares aonde iam. Se você pisar na bola com alguém em Paris, eles podem fazer com que todos os seus afiliados saibam disso com um mero digitar no teclado e um *click* no *mouse*. *Blogs* comentam a seu bel-prazer sobre o que as companhias estão fazendo, e todo o mundo dos negócios estava a apenas um *e-mail* de distância. Homens Alfa viam agora a consequência de suas ações em uma questão de segundos, em vez de em meses e anos, como anteriormente. O modelo de negócios estava pronto para mudar de novo, e os Alfas não tinham certeza de qual deveria ser o próximo passo.

2007

Como o mundo ficou ainda menor, e a tecnologia tornou as coisas mais fáceis em alguns aspectos (como o aprendizado *on-line*) e mais difíceis em outros (como ter de lidar com aquela maldita atendente automática quando você liga para sua operadora), era necessário um novo modelo de negócios para manter os clientes fiéis. Acredito que esse novo modelo começou a florescer no princípio de 2001 e continua a dominar os negócios até hoje. O novo modelo, que de agora em diante vou chamar de novo paradigma, é baseado em integridade, confiabilidade e conectividade. Integridade no sentido de fazer o que é correto; confiabilidade no de entregar o que foi acertado; e conectividade significando se relacionar com a pessoa ou o grupo com o qual você está fazendo negócio. É assim que as mulheres têm feito negócios nos últimos 50 anos, mas os Alfas as têm castigado por isso, por considerarem que as mulheres gastam tempo demais cuidando de detalhes. Mas a verdade é que o novo modelo é perfeitamente talhado para as mulheres; o mercado sofreu uma correção depois de ter passado 50 anos fazendo as coisas da maneira quase, mas não inteiramente correta. Não se trata de oportunidades iguais ou salários justos – é mais do que isso. As mulheres estão agora em posição de liderança porque o modelo delas é o único que funciona no novo ambiente global de negócios.

Sempre me frustrou ver as mulheres reivindicarem junto aos homens tratamento igual nos negócios. Por definição, ninguém pode ser igual se tem de pedir para sê-lo. Hoje, apesar de não ser razoável, ainda é o homem que distribui os privilégios. A mulher tem de aprender a assumir o poder e mostrar ao mundo que é uma força a ser levada em consideração nos negócios, assim como na vida.

Homens Alfa estão procurando discretamente com as mulheres orientações sobre os negócios. No entanto, para um Homem Alfa, pedir ajuda é como dizer: "Sou fraco demais para descobrir por conta própria". Assim, discretamente, eles se afastam e ficam observando. Mas, na verdade, será preciso uma discussão honesta para que os homens entendam o que as mulheres já sabem há décadas: Preocupar-se com as pessoas com as quais você faz negócios não é apenas importante, é imperativo. Como digo nos meus seminários, o modelo de negócios está no piloto automático. Os homens não sabem como pilotá-lo, e ninguém contou para as mulheres que elas são o piloto perfeito para esse novo paradigma. Minha intenção é que esta discussão que começamos aqui continue entre indivíduos, grupos, companhias e economias. Não se trata de os homens darem às mulheres uma oportunidade "igual". Trata-se de as mulheres saírem das sombras e assumirem o controle de um modelo que apenas elas sabem dirigir. Os Alfas não vão desaparecer, mas os da minha geração perceberam que ocorreu a mudança e temos muito mais respeito pelas mulheres (pelo fato de termos tido mães fortes) do que tinha a geração do meu pai. Mesmo com esse respeito, Homens Alfa são Homens Alfa, e temos alguns controles e frustrações nos negócios que, uma vez que tomem conhecimento, as mulheres jamais vão esquecer. Sempre me perguntam nas minhas palestras se acho que as mulheres deveriam agir mais como Homens Alfa. De jeito nenhum! Se vocês agirem assim, vocês perderão a oportunidade de liderar e nos educar (aos homens) sobre a maneira correta de realizar negócios sustentáveis.

Gosto de comparar para as mulheres o novo paradigma com uma viagem a Paris. No Canadá, o francês é matéria obrigatória desde o ensino básico até o superior. Nunca gostei realmente do francês, mas tentei aprendê-lo, sem muito sucesso. Basicamente, passei em todas as séries, mas não posso dizer que consigo me comunicar em alto nível. Em 2003, eu estava em Quebec e tentei usar meu francês como demonstração de respeito. Fui a um café na cidade velha e lá havia um turista enorme querendo uma xícara de café. Ele fez o pedido em inglês, e a mulher atrás do balcão respondeu: "*Pardon?*". Ele então fez o pedido aos berros – acho que por acreditar que se ele levantasse a voz ela imediatamente passaria a entender o inglês. Ela olhou para ele com cara de quem não estava entendendo nada. Ele saiu irritado e sem seu café e, sem dúvida, sem uma impressão agradável de Quebec. Eu era o próximo. Tomei fôlego e pedi em um francês trôpego um "*latte*". Ela olhou para mim – eu estava preparado para ouvir o tradicional "*Pardon*" –, sorriu e disse em um inglês perfeito: "Você quer aprender como se diz isso corretamente em francês?". Assenti com a cabeça, e ela me ajudou a repetir pausadamente a frase. Então, bem-humorada, ela tirou o meu café, levou-o até a mesa e recebeu meu dinheiro. Eu fiquei totalmente perplexo por ela ter sido tão dura com o primeiro cara e tão amável comigo. Então me acendeu uma luz. O primeiro cara esperava que ela agisse de forma que beneficiasse a ele, enquanto eu a toquei com uma tentativa (débil) de falar a língua dela. Dei um passo em direção a ela, e ela avançou dez em minha direção. A atendente supôs que, como falante da língua inglesa, eu esperava que ela falasse na minha língua, e não o contrário. Você consegue imaginar alguém vindo de um país estranho e ficar ofendido com você porque você não fala a língua dele?

O mesmo é verdadeiro para a comunicação com os Alfas. Aprendemos em nossas vidas pessoais que, para ser bem-sucedido com as mulheres, você tem de considerar a forma como fala as coisas para elas. Sabemos como traduzir nossos pensamentos de modo que consigamos passar a mensagem para nossa parceira feminina. Para as mulheres se relacionarem com os homens nos negócios, elas têm de se preocupar em falar com os Homens Alfa na linguagem que eles entendem. Se você se dirigir dessa forma a um homem, num primeiro momento ele terá um choque; depois, ficará desnorteado, impressionado e finalmente vai querer se envolver com você em um nível mais profundo porque você não é "uma daquelas garotas". "Uma daquelas garotas" é a categoria inicial de todas as mulheres para os Alfas. Supomos que nossa classificação é correta para a maioria das mulheres (estereótipo) e desenvolvemos nossa relação com vocês tendo isso em mente. Quando alguma de vocês começa a derrubar essa impressão que temos, nós a olhamos mais atentamente. Já quando estou trabalhando com uma mulher, essas são as expectativas principais:

1. Em algum momento, ela vai tentar ser graciosa para conseguir algo que quer (vocês chamam isso de charme feminino, nós chamamos de incapacidade de negociar adequadamente).

2. Ela vai ficar chateada, chorar, ficar zangada, machucada ou desabar se formos contra ela em algum negócio.

3. Não podemos dizer privadamente a ela nada que não queiramos que o mundo inteiro saiba.

4. Ela espera que eu saiba o que se passa na mente dela e acha que eu tenho de investir para manter o relacionamento com ela.

5. Ela vai colar no meu pé tanto quanto eu deixar.

6. Serei responsável, na maioria das vezes, por puxar o gatilho (fechar negócios), mas ela vai querer que eu divida os créditos com ela.

7. Ela acredita que eu vou cuidar dela e, se for necessário, morrer por ela.

8. Ela irá buscar o conselho de amigas quando eu fizer algo que ela não entenda (e, então, vai abrir o bico sobre o que estamos tentando manter em segredo).

9. Ela vai pedir a opinião do namorado, do marido, do pai ou do irmão, e essas pessoas irrelevantes vão sugerir estratégias que vão apenas atrapalhar a situação.

10. É bem provável que venhamos a entrar em conflito em algum momento, e eu vou ter de enterrá-la sob sete palmos. Preparo-me para

isso desde que começamos a trabalhar juntos e a mantenho a uma distância segura para não me sentir culpado quando tiver de fazê-lo.

Quando uma mulher entra na minha vida profissional, eu penso em todas essas questões. Quando ela faz coisas que vão contra as minhas expectativas (ou seja, não leva as coisas para o lado pessoal na minha frente, não me dá as insignificantes opiniões do seu marido ou do pai, fecha os negócios por conta própria, mantém segredos e entende que você come apenas aquilo que você mata), fico agradavelmente surpreso, retiro-a da categoria de "uma daquelas garotas" e começo a considerá-la como igual.

Quando estava em Quebec, não tive de me tornar francês para tentar falar a língua deles. Você não precisa se tornar um Homem Alfa para se comunicar com eles de forma que eles entendam. Eu podia decidir falar sempre em inglês em países estrangeiros, da mesma forma que você pode decidir continuar falando a linguagem das mulheres, e nós dois provavelmente conseguiríamos algumas vezes quase tudo o que queríamos. Entretanto, acredito que, se fizermos algum esforço para falar e agir de forma que nossa mensagem passe para o público-alvo, ao mesmo tempo garantindo que nossa integridade continue intacta, vamos ter um caminho mais proveitoso e menos árduo na vida e nos negócios.

2
Os Diferentes Tipos de Pessoas nos Negócios

Sou o que o mundo chamaria de Jovem Homem Alfa. Isto é, um caçador no verdadeiro sentido da palavra. Orgulho-me de só comer o que mato. É assim que os negócios são definidos pelos Homens Alfa. Gosto dos obstáculos porque eles me dão a chance de provar ao mundo que não posso ser parado. Quando estou em uma sala, sinto-me superior a todos. Meu ego, apesar de delicado, é a fonte do meu poder. Eu o uso para tomar todas as decisões, e ele influencia todas as minhas ações. Neste livro, vou dissecar o comportamento do Homem Alfa nos negócios ocidentais. Vou levantar as cortinas e compartilhar com você o que penso, por que faço o que faço, como vejo as coisas e, o mais importante, por que fui bem-sucedido. Aprendi muitos truques com uma longa lista de mentores Alfa que, em um determinado momento e por interesses próprios, decidiram que eu era merecedor de sua atenção.

Todos com quem os Homens Alfa se encontram são classificados em uma ordem hierárquica própria. Ele posiciona as pessoas da mesma forma que um menino posicionaria suas figurinhas de futebol, colocando as mais valiosas na frente e as menos, no fim. Vou te apresentar os diferentes escalões na hierarquia do Homem Alfa.

O HOMEM ALFA

O Homem Alfa é o grande tubarão branco dos negócios. Ele está no topo da cadeia alimentar e percorre o oceano procurando o que comer. Assim como o tubarão branco, se ele parar de nadar ele morre (ou pelo menos sente como se estivesse morrendo). O Homem Alfa é o cara que fecha negócios, que forma parcerias que dão dinheiro e que é quase que totalmente movido pelo dinheiro e pelo poder. Um homem nasce ou Alfa ou Beta. Isso não significa que um Homem Alfa seja sempre filho de um pai Alfa. Na verdade, alguns homens têm traços inerentes que os posicionam para serem Alfas. O Alfa é impulsivo, focado, adora conflito, é profundamente preocupado com a posição na sociedade, não gosta de seguir regras dos outros, gosta de tentar o impossível e não aceitará nada menos do que o melhor para si e para sua família. O Homem Alfa é a razão pela qual os negócios têm sido feitos nos últimos 200 anos. Homens Alfa normalmente não são perigosos nos negócios, a menos que você tente sabotá-los ou ataque sua credibilidade. No geral, eles estão simplesmente focados nos objetivos, e nos negócios se comportam como um caminhão de fuga — ou você está em cima dele ou sob ele. Gosto de dividir os Homens Alfa em dois tipos: aqueles que têm algo a provar (normalmente os mais jovens) e aqueles que já estiveram na guerra e sobreviveram para contar (os mais velhos). Os mais jovens são grandes parceiros de negócios; e os mais velhos, grandes mentores. Vou descrever cada um deles para que você entenda como eles agem e possa reconhecer um Homem Beta que quer se passar por um Alfa.

O JOVEM ALFA

Jovens Alfa têm normalmente entre 18 e 40 anos, apesar de você poder encontrar alguns mais velhos em alguns casos. O Jovem Alfa é mais feliz quando está puxando o gatilho, trabalhando até altas horas, fazendo apresentações para grandes grupos e ganhando muito, muito dinheiro. Ele é focado em construir seu nome, criar uma rede de contatos segura e ter tantos negócios fechados quanto o possível. Ele gosta de carros, de brinquedos, de relógios (vamos falar mais sobre isso em outro capítulo) e adora se mostrar.

Ele sai frequentemente com outros Jovens Alfa, e existe um punhado de Alfas mais velhos com os quais aprende, vangloria-se — e que usa como trampolim para chegar a negócios maiores. Ele vive em constante temor de ser desmascarado como um charlatão nos negócios. Muitas vezes ele tem o olho maior que a barriga, e seu mantra é: "Não preciso saber tudo. Só preciso ter a capacidade de descobrir o que preciso antes de o cliente perceber que não sei". Ele analisa profundamente a vida de seu pai e decide o que fará diferente e o que usará como modelo.

Ele quer fazer tudo mais rápido e mais lucrativo do que qualquer um já fez e anseia ser tratado com reverência e respeito por pessoas com as quais nunca se encontrou antes. Ele quer ser o assunto nas mesas de jantar. Se algo cruza seu caminho, ele mostra os dentes e declara guerra. Ele deseja ser testado em batalha, apesar de temer que alguém maior do que ele o coloque para correr. Todo mês ele confere quanto está ganhando, quanto poderia ter ganhado e em que posição hierárquica se encontra em relação às outras pessoas da sua convivência. Ele é ao mesmo tempo seu maior fã e seu crítico mais devastador. Ninguém pode incentivar mais um Jovem Alfa do que ele mesmo. Toda noite, em sua cama *king size*, ele pensa o que poderia ter feito diferente, repassa seus sucessos e fracassos, e se indaga: "Amanhã será o dia em que vão descobrir que não sou tudo isso?"

Um Jovem Alfa se torna um Velho Alfa não necessariamente com a passagem dos anos, mas com as realizações. Uma vez que ele tenha dinheiro e honradez suficientes, poderá começar a respirar um pouco. Ele passa a selecionar seus negócios e buscas e, ao fazê-lo, os melhores negócios começam a aparecer. O Velho Alfa é o que todos os Alfas aspiram ser.

O VELHO ALFA

O Velho Alfa é uma versão mais tranquila do Jovem Alfa. Ele não é menos determinado, mas aprendeu que a alavancagem financeira é a melhor maneira de se fazer negócios. Enquanto o Jovem se orgulha de quanto trabalho consegue fazer, o Velho se orgulha de quanto trabalho consegue que os outros façam por ele. O Jovem se esforça para ganhar seu dinheiro, o Velho tem muitas pessoas se esforçando para ganhar dinheiro para ele. O Jovem chega ao escritório às 5h30 da manhã, o Velho está levando clientes para passear em seu barco, para uma partida de futebol ou para Las Vegas para assistir a uma luta de boxe. O Velho olha para os Jovens e lembra o preço que pagou para participar dos grandes jogos, e o Jovem olha para o Velho como inspiração para elevar o nível do seu jogo.

Penso nos Velhos Alfa como velhos cachorros deitados na varanda. Eles fizeram a caçada, travaram a luta e marcaram o território. Agora, eles querem relaxar um pouco, confiantes na segurança do seu reino. O Jovem Alfa é como cachorro novo. Cheio de urina e de mau humor, latindo para tudo e para todos, checando tudo e roendo tudo. Ele vai correr até o cachorro velho, latir para ele e segui-lo quando ele for para algum lugar. Acho que agimos de forma muito parecida nos negócios. Muitos dos Velhos Alfa que conheço ou conheci nos negócios foram faróis para a minha prática. Eu fazia as coisas por conta própria, mas sempre procurava saber onde eles estavam e o que faziam. Eu me balizava por onde eles estavam e pelo que realizavam. Eu contava vantagem para eles sobre minhas atividades, pensando ser a única pessoa do mundo que já havia alcançado tais façanhas — e acabava ouvindo que eles haviam feito as mesmas coisas uma década atrás. Os Velhos Alfa mantêm os novos nos trilhos. Meu amigo e mentor Alvin Con, da Intel, foi um grande exemplo disso. Eu estava construindo uma nova e tímida companhia de tecnologia, e o acompanhava a reuniões onde eu o via caçando. Eu ficava observando o que ele dizia e o que não dizia. Com ele, eu tinha o vislumbre de como era a mesa dos cachorros grandes. Lembro-me de uma reunião onde a Hitachi, Intel e várias outras multinacionais conversavam sobre como entrar no mercado canadense. Eles estimavam quantos equipamentos uma universidade necessitaria, quantos computadores e bandas largas uma cidade poderia usar, e assim por diante. Os caras estavam falando de milhões e dezenas de milhões de dólares em novos negócios. Então, eles discutiam a estratégia para entrar no mercado e para garantir que todos teriam sua parte. Era como ver Winston Churchill em sua sala de guerra durante a Segunda Guerra Mundial. Alfas incentivam uns aos outros (falaremos sobre isso mais tarde) e fazem jogos entre si que os beneficiam mutuamente. Um exemplo:

Alvin e eu almoçávamos em Milestones numa sexta-feira e eu reclamei de como era difícil ser levado a sério no ramo de tecnologia sendo inexperiente. Eu tinha dois sócios, um chefe financeiro e um chefe de informação, que lidavam com desenvolvimento e operação, enquanto minha tarefa era conseguir negócios. Alvin e eu discutíamos uma proposta para oferecer a uma universidade o serviço de acesso *wireless* à Internet em todo seu *campus*. Ao conversar sobre o assunto, elaborei alguns grandes planos e Alvin me pediu para desenvolver um *white paper* (um documento de discussão sobre um negócio específico). Quando terminei, levei cópias para as companhias com que tínhamos parceria e discutimos o assunto. Alvin me disse para ficar de olho em algumas pessoas que ele achava serem oportunistas. Ele me disse que minha ideia era meu passaporte para a mesa dos grandes. Encurtando a história, um dos caras levou minha ideia para um concorrente, e eles montaram um negócio de 300 milhões de dólares. Fiquei arrasado, e uma semana depois eu e Alvin fizemos o *post mortem* fumando charutos. Eu estava mal. Alvin olhou para mim, sorriu e disse: "Amigo, não fique pensando que alguém roubou um negócio seu debaixo do seu nariz. Pense que você tem 26 anos e conseguiu imaginar um negócio exequível que vale 300 milhões de dólares. Da próxima vez, exija uma carta de confidencialidade e você fará um banco".

Semanas depois, eu ainda reclamava que não era levado a sério no setor de tecnologia e Alvin disse para mim: "Você quer ser levado a sério? Tudo bem! Estou organizando neste fim de semana a Conferência Tecnológica Wireless Intel. Vou colocar você na lista dos oradores para falar sobre serviço aos clientes em centrais de atendimento. Nós dois sabemos que você não sabe nada sobre isso, mas a questão é: você pode, em três dias, aprender o suficiente para impressionar as pessoas que estiverem lá e não me envergonhar? Se a resposta for 'sim', você está dentro. Se 'não', não quero ouvir mais nenhum choro. Esta é a sua chance. Você quer?". Eu olhei para ele e disse: "Sim!". Apertei sua mão, agradeci e saí do restaurante. Poucos passos depois, bateu o pânico. Em 72 horas eu estaria falando para 100 figurões da tecnologia sobre como centrais de atendimento *wireless* manejavam os suportes Tier 1 e Tier 2. Entrei em parafuso. Além de passar vergonha, Alvin ia me enterrar sob sete palmos e eu estaria frito. Corri para uma livraria e comprei o *Wireless Networking for Dummies* e devorei o livro. Não consigo me lembrar de como preparei tampouco de como transcorreu a apresentação, mas lembro que Alvin apareceu imediatamente depois, apertou minha mão, elogiou-me e se afastou do caminho enquanto caras das grandes companhias de tecnologia chegavam pedindo meu cartão e me dando os deles. Alvin reforçou aquilo que meu pai sempre disse: "Você não precisa saber tudo, você só precisa saber mais do que seus clientes. E, se você não sabe algo, sua tarefa é aprender rápido, antes que eles percebam que você não sabe do que está falando".

Antes de conhecer Alvin, eu achava que negócios de 50 mil dólares eram fenomenais. Então, eu passei a ouvir falar de negócios de 100 milhões de dólares. A gente se sentava no nosso clube do charuto com outros Alfas (Jovens e Velhos) e contava nossas histórias de caçadas da semana. Alvin e eu almoçamos e fomos ao clube do charuto todas as sextas-feiras por um ano, e eu nunca aprendi tanto antes ou depois disso. Eu tive vários mentores Alfa (assim como várias mentoras Alfa).

A seguir, algumas coisas que aprendi com os caras:

1. O sucesso é de quem pegar. Se você o quer, você precisa reivindicá-lo.

2. Liderança é dada àqueles que assumem total responsabilidade.

3. O mundo repele fraquezas.

4. Ninguém respeita quem se poupa. Se você entrar, vá até o fim.

5. Descubra o jogo, aprenda o jogo, jogue o jogo e domine o jogo.

6. Eu não tenho de escolher. Posso ter tudo do jeito que quero.

7. Se eu não gosto das regras, eu as mudo.

8. Esteja preparado para desafiar tudo o que você considera que seja injusto em relação a você.

9. Peça aquilo que você quer.

10. Para aqueles que entram no seu caminho, convide-os para subir no rolo compressor ou os atropele.

11. Os medíocres sempre atacam aqueles que se destacam.

12. É solitário no topo.

13. Um homem que vive uma vida sem paixões vive uma vida sem sentido.

14. Arrumar negócios é uma arte que tem de ser praticada diariamente.

Alvin morreu poucos anos atrás de câncer. Lembro-me dele no hospital dizendo que seu médico o aconselhara a colocar todos os seus negócios em dia. Disse a Alvin para mandar o médico ir para o inferno e para lutar por sua vida. Quando seu quadro se agravou, eu me afastei dele. Não sei por quê. No judô, quando um adversário se machuca, você se ajoelha olhando para outra direção a fim de dar tempo para ele se recuperar. Fui ensinado que quando um homem está ferido você dá espaço a ele, mas eu dei espaço demais e não tive oportunidade de dizer adeus.

Quando me ligaram dizendo que ele havia morrido, eu estava subindo uma escada para apresentar um negócio. Sentei-me nos degraus, tonto, sem fôlego. Raramente senti tanta dor na minha vida, e sentado nos degraus, tive vontade de ir para casa, de me enfiar na minha cama. Alvin era o tipo do cara que amava os negócios. Ele amava seus próprios negócios, amava ajudar outros nos negócios e amava ouvir sobre negócios. Subi, fiz minha apresentação como ele gostaria que eu tivesse feito e fui para casa, onde fiquei três dias de cama. Meu grande mentor havia morrido, e um pedaço de mim morrera com ele.

Agora, como um Velho Alfa, e em respeito àquilo que Alvin deu para mim, trabalho com Jovens Alfa e os incentivo quando precisam de uma mão, dou-lhes uma palmada quando fazem algo estúpido e deixo que eles contem suas histórias de caçada como forma de dar continuidade às melhores práticas em estratégia de negócios. O que me faz sentir verdadeiramente bem é que também tenho essas conversas com minhas clientes Mulheres Alfa e, consequentemente, outros Jovens Alfa estão repetindo minhas práticas com suas colegas de trabalho. Conversas autênticas em negócios são tão contagiosas que viciam. Comecei minha jornada para me tornar um Velho Alfa tendo conversas autênticas com provados líderes Alfa.

O HOMEM BETA

Nos negócios, o Homem Beta é o coadjuvante. É a ele que o Alfa recorre para fazer o trabalho concreto que arrumou. O Beta é o técnico, o pesquisador, o planejador, o estrategista e o administrador. Ele é importante porque o Alfa precisa de alguém para correr atrás da bola no jogo que foi preparado. Existem dois tipos de Homem Beta: o que ama o Homem Alfa, mas nunca vai querer ser como ele; e o que quer se tornar um Alfa, mas não sabe como fazê-lo. Nós nos referimos ao último como papudo.

Os Alfas precisam dos Betas para concretizar o trabalho. Frequentemente, chamamos esses caras de nossa equipe, e eles desempenham um papel importante garantindo nosso sucesso. Os Betas ou se divertem ou ficam chocados com os Alfas. Somos faladores, e eles são quase sempre reservados. Adoramos ser o centro das atenções; eles preferem ficar nos bastidores. Gostamos do conflito; eles gostam que todos se deem bem. Temos opiniões fortes que às vezes nos cegam, e eles podem ver pelo ponto de vista dos outros.

Apesar de os Alfas pensarem que eles são todo o show, nos negócios são necessários os dois (Alfas e Betas) para se fazer o trabalho. No futebol, o atacante é tão importante quanto o defensor. É a mesma coisa nos negócios. Meu amigo Chad é um Beta. Ele é um gerente organizado e gosta das coisas bem feitas. Nós temos interesses comuns em uma companhia de tecnologia, e ele costumava me provocar porque eu saía com clientes em potencial para almoços e jantares enquanto ele ficava sentado em um pequeno escritório participando do desenvolvimento dos produtos que criamos. Chad e eu discutimos quando os produtos estão prestes a serem colocados no mercado; eu quero que eles estejam prontos assim que os clientes estiverem prontos, enquanto ele quer que tudo seja testado inúmeras vezes antes de ser vendido. Nós passamos horas discutindo sobre prazos. Certo dia, cansado de ouvi-lo resmungar por eu jogar golfe e ter jantares com clientes enquanto ele trabalhava, convidei Chad para passar um dia comigo. Chamei a empreitada de "leve um tolo para o trabalho". Às 7h da manhã, nos reunimos com o prefeito e o secretário de planejamento da cidade junto com vários prestadores de serviços. Chad me viu fazendo as conexões, garantindo que todos na mesa tivessem voz, conseguissem bons contratos, e viu o secretário me entregando o relatório interno deles sobre o que queriam comprar. Tivemos, então, um almoço de negócios antes de fazer uma apresentação para o departamento de tecnologia de informação da cidade. Chad me viu apresentar a proposta para uma mesa cheia de Alfas e a incentivá-los a deixar o cara da prefeitura fazer suas reclamações, como sabia que ele faria. Mas eu também sabia que o negócio tinha de ser aprovado pela câmara dos vereadores no final da semana. Então, fomos todos até a câmara, onde o gerente de tecnologia da informação da cidade – um Beta querendo ser um Alfa – decidiu detonar um dos prestadores de serviço à mesa. Chad viu a reunião de sete homens se deteriorar rapidamente em uma disputa de egos, que terminou quando apanhei minhas coisas e saí da sala irritada. Aquele era um negócio de 3.6 milhões de dólares que foi para o espaço. Enquanto voltávamos de carro para o escritório, Chad me disse: "Desculpe-me por tudo que já falei sobre seu trabalho. Eu não faria o que você faz por nada deste mundo". Ele parecia um pouco atordoado, mas para mim havia sido apenas mais um dia de trabalho.

    O gerente de tecnologia da informação de que falei é o tipo mais perigoso nos negócios. Esse papudo sabe que é fraco e pensa que pode assumir o controle se for malicioso e esmagar alguém mais fraco do que ele. A maioria das mulheres acha que o Homem Alfa é perigoso, mas, na verdade, o mais provável é que seja um Homem Beta que transforme a vida de uma mulher nos negócios em um inferno. Homens Alfa procuram negócios – e, desde que você não cruze seu caminho, está relativamente segura. Entretanto, o Homem Beta é muito mais malicioso. Ele vai atormentar qualquer um que ele considere mais fraco do que ele. O Beta busca dominar porque odeia ser dominado – o que ele normalmente experimenta com os Alfas ao seu redor. Ele vai querer te dizer o que você deve fazer, vai depreciar suas capacidades e vai te diminuir perante seus colegas de trabalho. O gerente era um Homem Beta responsável pelo departamento de tecnologia da informação da cidade. Ele era um fraco, mas, como precisávamos de sua aprovação para fechar o negócio, ele tinha uma falsa sensação de poder e decidiu usá-la para tentar se impor sobre nós – o que não funcionou. Ele jogou no lixo um negócio para sua cidade que posteriormente foi instalado em uma cidade concorrente, e seu prefeito e seu pessoal sabiam que tinha sido ele quem sabotou a ideia. Ele era um homem mesquinho, e percebi como ele tiranizava suas funcionárias. Sempre penso nesse tipo de Homem Beta como um garotinho que veste a jaqueta e os sapatos do pai e sai pela casa dando ordens. Então, quando ouve seu pai chegando em casa, ele se apressa em colocar tudo no lugar para não entrar em uma enrascada. Um Homem Beta pode ser intimidador e papudo, mas uma mulher inteligente pode descobrir formas de mostrar a um Alfa que um Beta está assumindo o papel. Muitas de vocês que já tiveram de lidar com um verdadeiro idiota podem ter pensado que se tratava de um Homem Alfa, mas é bem provável que era um Beta com as roupas do pai.

A MULHER ALFA

A Mulher Alfa é uma honrada colega de negócios. O maior problema para ela é que a maioria dos Homens Alfa pensa que ela está encenando e fica esperando pelo primeiro sinal de que ela não é aquela profissional determinada que aparenta ser. Sei por experiência própria que Mulheres Alfa são uma força extremamente poderosa nos negócios. Elas se norteiam pelas metas, assumem plena responsabilidade pelos resultados, não abrem mão de seu poder, não são gratuitamente agressivas e conseguem tudo o que querem. Elas sabem como se comunicar efetivamente com todos os grupos (Homens Alfa, Mulheres Alfa, Homens Beta e Mulheres Beta) para extrair o melhor deles, e são mestras em criar poderosas redes de contato.

Frequentemente, perguntam-me se mulheres poderosas intimidam os homens. Certamente que não! Os Homens Beta se intimidam, mas os Homens Alfa se impressionam apesar de desconfiarem que elas não sejam de verdade. A Mulher Alfa é, para o homem nos negócios, o que o homem perfeito é para a mulher na vida pessoal. Ele é o cara que te dá flores que ele planta e que te leva para o restaurante que ouviu você falando sobre com seus amigos. O homem perfeito prepara um banho para você depois de um longo dia de trabalho e te traz um Martini enquanto você lê a revista que ele pegou para você. Quantas de vocês estão pensando: "Seria maravilhoso, só que esse cara não existe!" Bem, ele existe, mas, assim como em relação a Mulheres Alfa, poucos podem dizer que conheceram um, ou uma. Acho que poderia haver muitas Mulheres Alfa por aí, mas elas abrem mão de seu poder (o que discutiremos mais à frente) e os homens se afastam delas por elas não serem *players*.

Eu pretendia fazer um negócio com o Royal Bank (uma grande instituição financeira do Canadá) e pedi à minha amiga Karim, que é uma corretora, que me apresentasse à sua gerente para poder discutir com ela um programa de treinamento que eu desenvolvi. Como um homem que oferece vários serviços e produtos para um grande público feminino, acho que tenho consciência de como me comunicar com as mulheres de forma a alcançar um entendimento e construirmos uma relação harmoniosa. A gerente, que se chamava Lorraine, concordou em me receber em uma manhã. Decidi que apresentaria o programa (processo) e então discutiria sobre como poderíamos trabalhar juntos (consenso) para atingir objetivos que beneficiariam a todos.

Entrei na agência e Karim me mostrou a sala de Lorraine. Ela estava fechando um negócio por telefone com um de seus clientes e acenou para nós. Ela terminou o telefonema, levantou-se, apertou com firmeza minha mão e me agradeceu por ter ido vê-la. Quando Karim deixou a sala, preparei-me para seguir minha estratégia. Ela me olhou nos olhos e disse: "Senhor Flett, tenho certeza de que o senhor entende que no meu negócio tempo é dinheiro. Você tem 10 segundos para me dizer como vai fazer eu ganhar dinheiro. Depois vou pedir ao senhor para sair para que eu possa continuar com o meu dia". Fiquei perplexo. Não era assim que devia ser. Sorri e disse: "Tenho um programa que permitirá que você treine e fiscalize sua equipe de corretores em menor tempo, permitindo que você e eles ganhem mais dinheiro". Ela me perguntou quanto mais, e eu fiz uma estimativa. Lorraine me disse para falar com algumas pessoas e enviar o contrato. Ela então sorriu, apertou minha mão e me levou até a porta. Se eu já não fosse casado, eu a pediria em casamento na hora. Tendo convivido com Lorraine nos últimos anos, sei que ela é a verdadeira Mulher Alfa. Ela ama os negócios, as pessoas, a arte de fazer negócios. Ela é alguém que tenho em alta consideração e faria quase qualquer tipo de negócio com ela no momento que ela pedisse.

Homens fortes adoram trabalhar com mulheres fortes. Quando uma mulher é verdadeiramente forte e tem autoestima, a questão de gênero começa a se diluir e ela é considerada um parceiro igual à mesa. Quando comecei nos negócios, meu obstáculo era a idade. Os caras olhavam para mim e perguntavam quando o CEO ia chegar, sem se darem conta de que eu era o CEO. Mas quando demonstrei que tinha capacidade de organizar negócios com vários níveis de lucratividade, meus colegas, que eram muitas vezes 20 anos mais velhos do que eu, esqueceram-se de que eu era da idade dos filhos deles e arrumaram um lugar para mim na mesa do conselho.

Se você ama negócios e ama estabelecer e cumprir metas, você provavelmente é uma Mulher Alfa. Existem muitos homens querendo fazer negócios com você, mas você não pode abrir mão do seu poder. Se o fizer, você escorrega na cadeia alimentar de igual para abaixo dos Betas, que é um mau lugar para se estar caso queira fechar negócios. Os homens normalmente classificam as Mulheres Alfa logo abaixo dos Homens Beta porque acreditamos que você vai se autossabotar. Mas você pode subir rapidamente na escala se não assumir o papel e não nos entregar seu poder. Respeitamos mulheres fortes.

A MULHER BETA

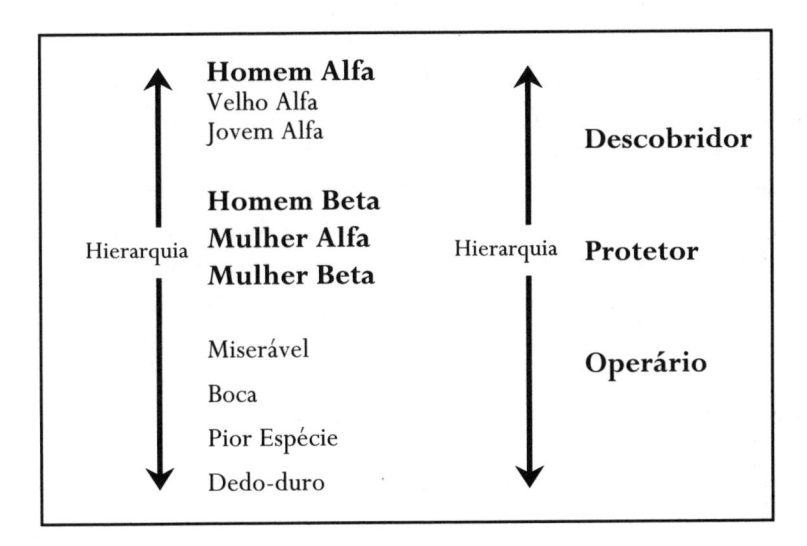

Hierarquia		Hierarquia	
↑	**Homem Alfa** Velho Alfa Jovem Alfa	↑	**Descobridor**
	Homem Beta **Mulher Alfa** **Mulher Beta**		**Protetor**
	Miserável Boca Pior Espécie Dedo-duro		**Operário**
↓		↓	

A Mulher Beta é, como seu par masculino, uma coadjuvante. Responsável por fazer a maior parte do trabalho que tem de ser feito, a Mulher Beta garante que todo "i" esteja com pingo e todo "t", cortado. O problema para uma Mulher Beta é que ela começa a se desvanecer no segundo plano caso não tenha relações diretas com um Homem Alfa. A maior parte dos Homens Alfa não dá valor às Mulheres Beta. Por se concentrarem tão apaixonadamente nos lucros, os Alfas dedicam a maior parte de seu tempo a pessoas que ganham dinheiro para ele. Normalmente, vemos os funcionários de apoio mais como fonte de custos do que de lucros. Sabemos que alguém tem de conferir relatórios, fazer pesquisa, responder telefonemas e planejar viagens. Mas essas coisas não são determinantes, apesar de ajudarem no desenvolvimento de negócios. Alfas sentem que podem se apoiar muito mais em um Homem Beta do que em uma Mulher Beta e, portanto, muitas vezes preferimos trabalhar com eles por saber que eles dobram, mas não quebram. Lidar com Mulheres Beta, por outro lado, é sempre um desafio, porque nunca sabemos se elas vão se derramar em lágrimas com o que dissermos. Sei que muitas pessoas estão mordendo a língua ao ler isso, mas quantos de nós não testemunhamos uma colega ficar transtornada com algo que aconteceu no trabalho?

Uma boa maneira de as Mulheres Beta se destacarem é interagindo com Homens Alfa, fazendo perguntas, oferecendo diretamente informações e sendo vistas como solucionadoras de problemas. Sempre digo que a mais importante e poderosa mulher em qualquer negócio é a assistente administrativa de um Homem Alfa. Ela sabe como ele trabalha, quando ele enrola, de quem ele gosta e desgosta, e é a guardiã dos seus segredos. Quando ele se confunde e esquece alguma coisa, ele liga para ela. Quando ele não quer falar com alguém que está tentando fazer contato com ele, ele a avisa. O Alfa confia nela e a tem como um confidente, o que fortalece o papel dela como uma parte muito poderosa e influente da equipe. Assim como Donald Trump, todos os grandes Alfas falam sobre suas assistentes administrativas. A secretária do presidente decide quem terá seu tempo durante o dia, e em muitos negócios a assistente administrativa sabe mais sobre a companhia e sobre várias de suas personalidades do que qualquer outra pessoa na empresa. Ela sabe o que o CEO está pensando e, através de outras assistentes, o que as pessoas estão fazendo na companhia. A Mulher Beta não pode ser menosprezada nos negócios.

3

Penetrando na Mente de um Homem Alfa

Os homens começam a avaliar seus pares assim que batem os olhos neles. Lembro-me de quando eu era um líder no ensino fundamental, com todos os garotos esperando no recreio para que eu decidisse o que faríamos. Na minha ausência, meu melhor amigo assumia meu lugar. Quando eu voltava, ele retornava ao posto de número 2. Quando conto isso para as mulheres, elas riem porque é algo muito diferente da experiência delas. Homens gostam de ser líderes na escola porque assim eles não serão a "vadia" de ninguém. As mulheres buscam ser líderes na escola (ou fazer parte da turma legal) porque elas querem ter o poder de influenciar a opinião dos outros. Na escola, os homens se tornam amigos desde que se veem e essa amizade se estende por grande parte da vida. Um cara pode ser um pentelho, mas você ainda concede o benefício da dúvida e sai com ele. Os homens não são julgados pelas companhias que têm. As mulheres na escola, por seu lado, podem ser as melhores amigas em um dia e grandes inimigas no outro. Elas são tão voláteis que as mais fortes agradam as mais fracas por estas temerem confrontos.

Desde o primeiro dia, os homens ou lideram ou são liderados. É simples assim. Lembro-me de ter perguntado a meu pai como era escolhido o capitão de um time, já que eu estava interessado na posição na minha equipe de hóquei no gelo da quarta série. Ele respondeu: "Se você quer ser um líder, simplesmente assuma a liderança. Os demais vão te seguir. É raro alguém desafiá-lo pela posição se você agir como se ela devesse ser naturalmente sua." Guardo esse conselho comigo até hoje. Existem líderes naturais, pessoas que têm prazer de estar no comando, e então tem a maioria que não vê graça em dar a cara para bater.

MOEDA CORRENTE

Os Homens Alfa se classificam e a todos que eles conhecem em sua imaginada ordem hierárquica. Eles trabalham duro para adquirir moeda corrente que consolida nossa posição na sociedade e nos dá condições de batalhar por mais. Temos várias maneiras de mostrar aos outros que temos moeda corrente. As moedas mais importantes para um Homem Alfa são: reputação, rede de contatos, carros, férias, casas, filiações a clubes e instituições e, da maior importância, relógios. Essas são coisas as quais aspiramos e, quando as conseguimos, vangloriamos-nos, naturalmente. Sempre sorrio quando ouço mulheres falarem de homens que discutem sobre os carros que dirigem ou as coisas que compram. Queridas, vocês não farão ideia do que seja se vangloriar até que estejam numa sala com um bando de Homens Alfa. Nós nos gabamos como se nossas vidas dependessem disso. Somos bem comportados quando vocês estão por perto, mas, quando vocês não estão, desfrutamos do prazer de nosso segredo compartilhado. Buscamos constantemente ser o maior e esmagar os demais. Vocês sabem que, quando as mulheres se juntam, uma começa a depreciar partes de seu corpo e então outra entra na conversa e começa a falar das partes em que ela se considera problemática. Bem, os homens fazem absolutamente o contrário. Um cara fala sobre seu carro, e o outro fala que o dele tem mais opcionais, corre mais, custa mais etc. Em vez de lamentarmos sobre nossas partes flácidas, nós inflamos nossos egos e passamos as tardes disputando quem é o melhor.

Acho que, enquanto os Alfas sobem na hierarquia, eles criam diferentes moedas correntes que são aceitas pelos outros na mesma posição. Nas seções seguintes, vou falar sobre tipos de moeda corrente que os diferentes Homens Alfa usam para se mostrar uns para os outros. Eu classifico os Homens Alfa em cinco categorias. Por suas atitudes, você saberá em que nível ele está e como melhor interagir com ele. Ele vai se vangloriar do que tem: de suas casas, seus carros, relógios e filiações e você saberá, então, em que categoria ele se encontra.

CATEGORIA 1 – NOVIÇO (MENOS DE US$ 50.000 POR ANO)

Este é um Alfa perigoso porque está tentando iniciar projetos e vai fazer de tudo para seguir em frente. Ele dirige como se não tivesse freios, vai atropelar qualquer um que cruzar seu caminho e usá-lo de exemplo para os outros. Ele não tem muito o que mostrar e, portanto, tudo que faz tem de produzir efeitos imediatos. Este Alfa é quase totalmente impelido pelo medo de não estar à altura dos negócios. Ele tenta descobrir rapidamente as coisas para não ser atropelado por alguém maior, mais forte, mais rápido ou mais experiente. Seu jogo neste estágio é blefar para conseguir entrar na sala.

CATEGORIA 2 – IMATURO (DE US$ 50.000 A US$ 80.000 POR ANO)

O imaturo domina os fundamentos dos negócios. Mas, ao descobrir como as coisas funcionam, ele percebe o quanto ainda precisa alcançar para ser considerado um competidor. Ele provavelmente está ganhando algum dinheiro, mas aquele dinheiro o coloca em contato com pessoas que estão se dando melhor do que ele, e isso o faz sentir-se constantemente pressionado. Ele quer entrar urgentemente em um grande jogo e começa a procurar certas posições de negócios (contatos, oportunidades, contratos) para garantir que não retrocederá na carreira. Ele é como um alpinista que coloca a estaca de segurança antes de fazer a próxima subida. Seu medo não é de não entrar no jogo (porque ele está nele), mas de não ser levado a sério. Neste ponto, ele se concentra menos nos outros e mais em fazer coisas que impressionem. Ele é inseguro quanto a suas capacidades e particularmente sensível a críticas ou ao que percebe como críticas. Ele tem armas à disposição, mas agora entende as consequências de um confronto com outros Alfas.

CATEGORIA 3 – ASPIRANTE (DE US$ 80.000 A US$ 200.000 POR ANO)

O aspirante sabe os fundamentos dos negócios, sabe como as coisas funcionam e alcançou um nível básico de sucesso. Ele sabe como o jogo é jogado, entende a hierarquia e conhece em qual carroça deve amarrar seus cavalos. Ele sabe que precisa pular da mentalidade do velocista, que no caso é a de conseguir o mais rápido possível ser iniciado nos negócios, para a do maratonista, basicamente dar passos cadenciados. Ele sabe onde está na hierarquia (no meio) e é empurrado por todas as pessoas atrás dele. Nas duas fases anteriores, ele está concentrado em conseguir um lugar à mesa. Agora ele tenta controlar quem mais tem direito a um lugar à mesa. Ele sabe que o objetivo primordial é poder falar de lucros e ser capaz de puxar o gatilho o tempo todo. Ele agora está concentrado em se conectar com outros maratonistas para ganharem dinheiro juntos. Ele pode sentir o gosto de ser um líder de negócios e se policia o tempo todo para evitar escorregões. Ele se torna mais elitista, e as pessoas têm de conquistar o direito ao seu tempo, a menos que estejam acima dele na hierarquia. Ele irá atacar se sentir que alguém o está sabotando. Se você é bem-sucedida e ele vê vantagem em uma aliança, ele vai contatar você. Mas se você é uma âncora ou se abre facilmente mão de seu poder, ele nunca irá considerá-la uma igual.

CATEGORIA 4 – SÊNIOR (DE US$ 200.000 A US$ 500.000 POR ANO)

Como faz parte do jogo há bastante tempo, o sênior ganha dinheiro automaticamente porque pode puxar o gatilho com regularidade. As pessoas levam constantemente acordos para ele e, com isso, conquistou o respeito do mercado. O sênior está mais preocupado em não perder tempo do que em perder dinheiro e chegou no estágio onde se começa a ter prazer com o trabalho que criou e tudo que o envolve. Nas categorias inferiores, todos o admiram, e muitos levam contratos para ele como forma de passar a fazer negócios. O sênior é cauteloso com quem faz negócios porque não quer ter de limpar sujeiras. Ele começa a se orgulhar do trabalho que faz e pensa que todos devem saber que foi devido à sua visão e dedicação que ele se tornou bem-sucedido. O sênior é menos perigoso do que aqueles abaixo dele, desde que as pessoas não impliquem em custos. Entretanto, se uma pessoa o faz perder tempo ou dinheiro, ela vai sentir todo o seu ódio porque agora ele tem influência no mercado e pode tornar a vida de alguém muito difícil. Ele está entrando em uma situação de blindagem financeira, o que significa que teria de cometer um ato muito comprometedor (como ter um caso com a secretária, envolver-se em um escândalo contratual etc.) para que houvesse consequências financeiramente negativas. O sênior será um grande parceiro de negócios se você já estiver estabelecida ou se puder, sendo profissional em seu negócio, fazê-lo ganhar dinheiro.

CATEGORIA 5 – DIPLOMADO (MAIS DE US$ 100.000 POR MÊS)

O diplomado é o velho Homem Alfa. Ele chegou lá, fez, conseguiu a camiseta e vendeu um milhão delas. Ele é o Mufasa, do filme *Rei Leão*. O diplomado se orgulha em ajudar outros Alfas que mereçam sua atenção. Eles devem compartilhar de seus interesses e fazer negócios da forma como ele quer que sejam feitos – ou eles simplesmente não serão recebidos. Nessa fase, ele começa a distribuir mais o que ganhou e o faz mais como reconhecimento ao mercado que o formou do que por altruísmo. O diplomado ganha dinheiro permanentemente e de várias fontes. Ele adora caçar, mas gosta igualmente de observar outros caçando e de poder fazer comentários. Como Alfa, é o sábio dos negócios. Você pode fazer muitas coisas que o indisporão com um diplomado, como levá-lo a gastar dinheiro; mas, se você o respeitar e se esforçar, ele poderá te acolher. Você será atacado ou enterrado se não o respeitar ou não reconhecer o apoio que o diplomado deu às suas iniciativas. Ele pode ser seu maior defensor e passar negócios para você, ou ele pode simplesmente te destruir com algumas palavras junto a pessoas importantes. O diplomado é benevolente e pode ser seu maior apoiador se você provar ser merecedor através de suas ações e da lealdade para com ele.

Dependendo do estágio em que estão, Homens Alfa recorrerem a diferentes sinais, escoras e ações. Ao entender e observar essa informação, você pode se envolver de forma mais adequada com eles e tornar essas conexões positivas e benéficas para você.

TIPOS DE MOEDA CORRENTE

REPUTAÇÃO

Reputação é a mais forte moeda corrente do Alfa, e ele vai lutar com todas as suas forças para protegê-la. O problema que enfrentamos com a reputação é que, por contarmos tanta vantagem, acabamos exagerando nossa capacidade de superar os outros. Então, temos de descobrir rapidamente como fazer algo para não passarmos por idiotas. Um Jovem Alfa busca se associar a Alfas maiores para aprender como as coisas são feitas e para ganhar crédito por participação em projetos. Um homem aprende com seu pai (se ele foi criado por um Homem Alfa) que a palavra de um homem é sua obrigação. Ele tem de fazer o que for preciso para manter sua palavra. Isso se torna um problema quando você diz que pode fazer algo e, no fim das contas, a coisa não se desenrola como você previa. Lembro-me de meu pai me dizendo que a reputação é como uma conta bancária. Quando você promete algo e faz, sua reputação cresce. Quando você promete algo e não faz, sua reputação diminui. Se você construiu uma reputação suficientemente forte, você terá todo tipo de liberdade. Se você arruinar sua reputação, você será totalmente inútil. De certa forma, os Homens Alfa seguem as mesmas regras da máfia. Faço referências à máfia neste livro porque os Homens Alfa a têm como modelo de gerenciamento de negócios. Você já pensou por que os homens citam *O Poderoso Chefão* o tempo todo? A maioria de nós ama o filme. Aprendemos como ser um negociante influente copiando o que vemos no cinema e na televisão. Sempre posso identificar um Homem Alfa por seu gosto por filmes sobre a máfia. Não é coincidência que chamamos o ato de fechar um negócio de "puxar o gatilho". Nesses filmes, assim como na vida, quando um homem dá a palavra que algo vai acontecer, não se trata de uma impressão, mas de uma certeza. Quando ele diz que algo será feito, dê por feito. O Poderoso Chefão não diz: "Vou tentar conseguir que isso seja feito". Ele diz: "Considere feito". Alfas querem ter reputação em diferentes coisas, as mais importantes sendo na habilidade de fechar um negócio (puxar o gatilho), na capacidade de fazer muito dinheiro, de ser o melhor no ramo, de não receber ordens de ninguém, de ser um camuflado e um cara que protege seus interesses.

Já perdi dinheiro em negócios para manter minha palavra. Quando prometo algo, sempre cumpro – não porque sempre queira, mas porque tenho de manter minha palavra e aumentar minha reputação. Busco constantemente formas de aumentar minha reputação. Em 2003, decidi fazer um ciclo de palestras, e especialistas me disseram que era impossível sem que eu tivesse um livro. Resolvi que faria o giro e defini datas. Quando comecei a divulgação, as coisas não andavam e fiquei preocupado. Então, liguei as turbinas, joguei-me de corpo inteiro e acabei superando minhas metas. Fechei 43 cidades para serem cobertas em 73 dias, e meus críticos me disseram que era um ritmo impossível de ser mantido. Parti em 10 de maio de 2003 e completei meu giro. Foi um inferno em vários sentidos, mas eu havia tomado uma decisão e, definitivamente, o fracasso não era uma opção. Nos momentos em que tinha vontade de desistir de tudo e voltar para casa (estava na estrada o tempo todo), pensava em como passariam a me ver e então continuava. Em julho daquele ano, voltei para casa exaurido, mas havia mantido a palavra e calado meus críticos, ao mesmo tempo em que aumentei minha reputação como uma pessoa que faz coisas que outros dizem que não podem ser feitas. Algo importante para as mulheres lembrarem é que os Homens Alfa trabalham, desenvolvem e guardam ferozmente sua reputação. Quando os homens se atacam ou enterram uma mulher, provavelmente é a reputação que está em jogo. Para os homens, reputação e ego estão intimamente ligados. Se um dos dois é atingido, vamos à luta com todas as nossas forças. Já vi mulheres serem enterradas por um simples comentário que constrangeu um homem. Em uma questão de dias, todos os homens que testemunharam a cena torpedearam a carreira dela. Vamos falar mais sobre enterrar sob sete palmos, como isso ocorre e como evitá-lo mais à frente.

TABELA 3.1   Vários estágios da reputação do Homem Alfa

NOVIÇO	Relativamente desconhecido no mercado, ele tenta colocar seu nome onde puder.
IMATURO	Reconhecido por uns poucos profissionais. Desconhecido fora de seus principais mercados.
ASPIRANTE	Bem estabelecido em sua principal área e em alguns setores paralelos. Construiu um nome e está sendo reconhecido por grupos setoriais menores (câmaras de comércio, associações de indústrias etc.).
SÊNIOR	Bem conhecido em sua área, ele também desfruta de reconhecimento do mercado em geral. Tem presença na mídia e, quando seu nome é citado, a maioria das pessoas tem ideia de quem ele seja ou pelo menos já ouviu falar do seu nome.
DIPLOMADO	É o cachorro grande do seu setor e é conhecido pelo mercado de massa. Tem frequente cobertura da mídia e é constantemente reconhecido por sua contribuição a associações de base. Pense naqueles que recebem o prêmio de "Homem do Ano", doutorados *honoris* causa etc.

REDE DE CONTATOS

Outra moeda corrente é a rede de contatos que você tem à sua disposição. Homens e mulheres constroem redes de forma diferente. Homens olham para as pessoas primeiro apenas por seu valor no mercado. Não preciso gostar de alguém para fazer negócios com ele. Preciso saber se ele cumpre o que promete (reputação) e se posso ganhar dinheiro com ele. Assim, começo a juntar pessoas. Faço isso metodicamente, detalhando primeiro como será o desenho da minha rede em um período específico. Decido que tipo de pessoa eu preciso antes de determinar quem são elas. Posso anotar que quero um advogado corporativo em Los Angeles, um contador especializado em impostos em Nova York, um editor em Londres e um fornecedor de conexões *wireless* em Calgary. Então, começo a peneirar minha rede em busca de potenciais contatos nessas regiões. Sem dúvida, no processo, faço contatos inesperados, mas que vão apenas se somar à lista.

Não há nada que um Homem Alfa goste mais de fazer do que recorrer a seus contatos em favor de um cliente ou amigo, como demonstração de força no mercado. Se eu tenho um cliente que quer se mudar para Londres para fazer negócios e tem dúvidas sobre o visto, posso ajudá-lo de duas formas. A primeira é sugerir que ele entre em contato com a embaixada em Londres e se informe. Essa não é uma assessoria que impressione: é mais senso comum e estou agregando pouco valor. A segunda, que prefiro, é dizer ao cliente: "Telefone para Sid Lowey, em Londres, vou te dar seu telefone direto. Ele é um amigo meu e faz isso o tempo todo para meus clientes. Ele pode agilizar o processo para você. Diga a ele que você é meu amigo, e ele vai cuidar pessoalmente do seu caso. Mantenha-me informado sobre como as coisas estão indo". No primeiro exemplo, sou uma pessoa comum dando uma sugestão básica. No segundo, estou usando minha rede pessoal para tornar a vida do meu cliente mais fácil e permitir que ele ganhe mais dinheiro.

Estou constantemente acrescentando e cortando pessoas da minha rede. Novos contatos com boa reputação entram; aqueles que não corresponderam saem. Não é nada pessoal, são negócios. Busco conhecer e fazer negócios com os melhores dos melhores em todos os lugares que vou. As pessoas não pedem para entrar na minha rede. Elas entram porque acredito que podem cumprir o que prometem e, no processo, farão bem para a minha imagem.

A outra vantagem de uma rede é que a maioria dos Homens Alfa adora jogar nomes. Eles se referem a uma pessoa pelo primeiro nome e esperam que alguém pergunte de quem se trata para então ele revelar o sobrenome e a conexão. Um exemplo: Eu estava fumando charuto com um cara em Nova York, e ele me disse: "Eu estava trabalhando com meu amigo Ted em Atlanta na sua companhia de tevê a cabo. Estávamos trabalhando em uma nova programação e pensando em um plano estratégico para os próximos dois anos." Naturalmente, fiquei curioso em saber de que tipo de rede ele dispunha e fiz a pergunta: "É uma tevê a cabo local ou eles são grandes?" Ele respondeu: "Ah, desculpe-me. É o Ted Turner. Ele é o dono da CNN". Ele sabia que, da forma como começou a conversa, alguém perguntaria sobre a companhia e que poderia jogar o nome.

Muitos papudos apresentam suas redes como um instrumento para os negócios, mas na verdade eles não têm acesso a todos os nomes que jogam. Conheço caras que pegam cartões de visita pessoais, colocam-nos na sua lista e consideram aquelas pessoas como contatos. Para mim, a diferença é o acesso que se tem a essas pessoas. Eu entrego uns 10.000 cartões de visita por ano, mas apenas umas 150 pessoas têm o número do meu telefone celular. Assumo que muitas pessoas me têm em suas listas de contatos, mas poucos podem chegar até mim sem passar por meu escritório. A rede é tão boa quanto o acesso que você tem a ela.

CARROS

O carro é a primeira coisa que o Homem Alfa usa para mostrar a capacidade que tem de ganhar dinheiro nos negócios. Isso se aplica mais aos Jovens Alfas. Os Alfas mais velhos escolhem um carro tipo família mais apropriado, mas sem dúvida ele vai ter um "brinquedinho" para dirigir nos fins de semana. O carro não apenas transmite poder ao homem, porque podemos sentir o sucesso toda vez que o dirigimos, mas também nos faz sermos ridicularizados caso ele não atinja certo padrão. Costumava ir a um curso organizado pelo meu amigo Michelle Pottle intitulado Ioga Anônima para Homens (ioga para homens que não fazem ioga). Havia 10 alunos na classe e, na época, eu tinha um Jeep Wrangler. O carro possuía belas rodas e no verão eu tirava as portas e a capota. Meus amigos que tinham Audis, Humvees e Porsches ficavam do lado de fora do salão me esperando estacionar. Eles então entravam nos seus respectivos carros e os levavam para uma vaga longe da minha. Esses eram meus amigos! Eles me infernizavam antes, durante e depois da aula, questionando por que eu tinha um Jeep se era dono de uma companhia bem-sucedida. Eles perguntavam se ele vinha com fita adesiva como cortesia, se eu consegui desconto no meu seguro porque tinham assumido que eu era pobre e coisas do tipo.

Eu estava à procura de um carro para comprar com minha mulher, Jacqui (ela também não gostava do Jeep porque ele era muito alto e era difícil subir nele de saia). Encontrei uma BMW Série 5 que havia sido convertida em uma M5 (o modelo esportivo da série). Comprei o carro e imediatamente comecei a perceber algumas coisas: (1) Comecei a gostar dos manobristas (é sempre decepcionante quando o manobrista não consegue fazer seu Jeep pegar) e (2) meus amigos não se gabavam mais de seus carros (já que agora o meu era o mais legal). Eu havia saltado da base da ordem hierárquica de carros para o topo. Agora era eu que diminuía o carro dos outros. Perguntava se eles queriam que eu fosse avalista de algum empréstimo para eles passarem para um carro melhor. Dizia que tinha pensado em comprar um carro como o deles, mas não queria que as pessoas pensassem que eu estava com problemas financeiros. Usamos nossos carros como um testemunho para o mundo dos negócios de que chegamos lá e podemos comprar brinquedos grandes. Desprezamos os carros norte-americanos se compramos uma marca europeia. Desprezamos os modelos mais baratos de uma marca. Se você tem o mesmo modelo de uma outra pessoa, você discute sobre opcionais. Para os homens, o carro representa como eles querem que o mundo os veja. Dirigindo o Jeep, eu me mostrava como um cara de cidade pequena que não deixou que o dinheiro lhe subisse à cabeça. Agora, a BMW diz às pessoas que eu gosto de viajar com estilo.

Alguns dos carros que os homens mais apreciam são Mercedes, BMW, Lexus, Porsche, Audi (altos modelos), Jaguar, Dodge Viper e Range Rover. É importante lembrar que as versões mais baratas dessas marcas não impressionam ninguém, e os homens que as dirigem são considerados papudos.

TABELA 3.2 Vários estágios da rede de contatos do Homem Alfa

NOVIÇO	Conhece pessoas do tempo da escola, tem contatos pessoais e limitadas conexões de negócios. Ele tenta desesperadamente acrescentar nomes à sua lista, e colocará nela qualquer um de quem conseguiu um cartão de visitas.
IMATURO	É mais cuidadoso com seus contatos. Tenta estabelecer contatos que impulsionam seus negócios. É simpático com as pessoas e tem boa memória em relação àquelas com quem já se encontrou antes. Ele não é grande, mas deixa claro que está se dedicando à sua rede.
ASPIRANTE	Montou uma poderosa rede de pessoas que conhecem pessoas. Ele busca conhecer as pessoas que os integrantes de sua rede conhecem. Ele sabe de quem precisa na sua rede e sua prioridade é fazer esses contatos.
SÊNIOR	Este é um mestre em construir rede de contatos. Ele tem conexões em todos os lugares, e não existe ninguém com quem ele não consegue falar através de sua rede. Ele conhece pessoas de grande reputação em todos os ramos, e basta um telefonema para conseguir a informação que deseja. É duro almoçar com ele porque ele conhece todo mundo.
DIPLOMADO	Este é o estadista sênior. Ele conhece todo mundo que merece ser conhecido. As pessoas querem conhecê-lo, querem ser conhecidas por conhecê-lo, e tentam usar a relação com ele para conseguir coisas. Ter ligação com ele é uma moeda corrente que muitas pessoas usam em vantagem própria. Ele liga diretamente para qualquer um e todos ficam felizes por receber um telefonema dele.

FÉRIAS

Jovens Homens Alfa reclamam de tirar férias. Eles acham que é perda de tempo e que vão gastar dinheiro em vez de ganhá-lo. Lembro-me de quando Jacqui e eu tiramos uma folga e eu disse a meus clientes que faria um curso de treinamento de uma semana. Então, escondi meu telefone celular em um par de meias na minha mala para a Jacqui pensar que eu não o havia levado. Fiquei com medo de os clientes pensarem que eu não era sério nos negócios por sair de férias, então eu menti. Agora percebo que os grandes Alfas precisam de férias para afiar suas garras. Gosto de sair de férias alguns meses por ano e normalmente vou para Miami ou para algum outro lugar quente. Entretanto, simplesmente tirar férias não é bom o suficiente quando se compete com outros Alfas. Temos de comparar o período de férias, a classe no voo, o número de estrelas do hotel, os restaurantes que conhecemos, as atividades que praticamos e muitas outras coisas. Se alguém me diz que vai sair duas semanas de férias, eu pergunto: "Por que tão pouco?" Se ele diz que vai para a Jamaica, pergunto se a Europa está muito cara. A gente se cutuca o tempo todo. Tenho um amigo que todo ano vai para Cancun. Ele aluga uma mansão lá e fica um mês. Outro amigo nosso também vai para lá e na última vez em que lá esteve simplesmente comprou uma mansão. Ele não falou nada até que nosso amigo comentou que estava indo de novo para lá. Então, o amigo da mansão disse: "Você gostaria de ficar na minha casa lá?". O primeiro foi atingido em cheio! Ele recusou educadamente a oferta, mas eu sei que ele estava se comendo por dentro. Assim que ouvi a conversa, pensei comigo: "Preciso comprar uma casa em Miami!".

Recentemente, Jacqui e eu fizemos uma viagem à Itália, e quando colegas e clientes mulheres me perguntam sobre ela, elas sempre querem saber sobre os lugares que conhecemos. Já meus amigos homens primeiro perguntam em que companhia aérea eu viajei e depois onde fiquei. É a forma de eles calcularem quanto gastei na viagem. Acho que as mulheres também fazem isso, mas de uma maneira mais sutil. Elas perguntavam onde Jacqui tinha feito compras em Florença. Quando eu dizia que tinha sido na Christian Dior, elas sorriam por saber que se trata de uma loja cara. Somente os Homens Alfa dissecam o que deveria ser uma restauradora e agradável viagem com o intuito se determinar como ela os fará parecer e onde ela os coloca na ordem hierárquica.

TABELA 3.3 Vários estágios do carro do Homem Alfa

NOVIÇO	Lata-velha. Normalmente, o mesmo que ele dirigia na universidade. É um carro ou barato ou barato e ruim. Se for o último, ele o estaciona em lugar escondido e aluga outro se alguém vai viajar com ele.
IMATURO	Normalmente, uma nova lata-velha. Algo que parece novo, mas que não impressiona.
ASPIRANTE	Um *top* de linha, mas normalmente usado. BMW, Mercedes, Lexus, Land Rover ou, caso seja novo, um modelo mais barato dessas marcas (uma BMW Série 3, um Land Rover LR1).
SÊNIOR	Um *top* de linha novo. Um Porsche de 150 mil dólares, um conversível europeu de 300 mil dólares. Algo que exale riqueza.

(continua)

Tabela 3.3 (continuação)

DIPLOMADO	Aqui ele assume idiossincrasias e fica difícil classificá-lo, portanto você terá de usar outros indicadores. Ou ele tem um carro como o do sênior ou tem um carro de família e um carro de *hobby* (uma picape Chevy dos anos 1960, um clássico MG conversível, um velho Corvette). Sam Walton dirigia uma picape de 30 anos de uso.

CASAS

O Homem Alfa adora sua casa, um dos locais de isolamento onde ele pode recarregar as baterias. Penso que existem dois tipos de casa: aquela em que você recebe e se diverte com pessoas e aquela onde você se isola e mantém privada. Moro no segundo tipo, enquanto a maioria dos meus colegas está no primeiro. Uns dois dos meus amigos têm o que as pessoas chamariam de mansões. Elas têm 2.000 metros quadrados ou mais. Elas contam com sala de cinema, cozinhas *gourmet* e piscinas que parecem ter saído de revistas de arquitetura. Elas têm quartos que nunca são usados, banheiros só para convidados e bar com mesa de bilhar. Gosto de visitar essas pessoas e fico imaginando quanto do espaço é para eles e quanto é para mostrar. No Yaletown, em Vancouver (o velho bairro de galpões), para se conseguir um *loft* da moda você precisa de muito dinheiro. Eles custam de 2 mil dólares a 3 mil dólares o metro quadrado e possuem vista para a baía de Vancouver e para a Ilha de Granville, uma badalada área de lojas de artesanato e mercados.

Qualquer um com uma casa ali faz sucesso. Um colega meu que é um corretor em ascensão tem uma cobertura lá com vista para a baía. Ele dirige uma M5, tem um apartamento que faria você ficar de queixo caído, mas não tem nenhuma mobília dentro. Sim, é verdade. Ele paga 1.500 dólares mensais de prestação do carro e US$ 7.300 por mês do financiamento do imóvel; ganha muito dinheiro, mas grande parte vai para o entretenimento de clientes. Ele é rico em bens, porém não tem liquidez tampouco dinheiro para comprar móveis. Conheço o local porque sou muito amigo dele, mas ele não tem nenhum capital extra para mobiliar o apartamento, que não é um lugar que você vai encher de móveis baratos.

Meu mentor Alvin tinha uma grande casa nos arredores de Vancouver. A casa possuía uma sala de jogos, um *deck* de madeira maior do que a maioria dos apartamentos em que morei durante a faculdade, além de uma coleção de jogos eletrônicos que ele comprou para os filhos. Era um belo lugar de se visitar e nunca cozinhei em um fogão melhor. Suponho que só o fogão custava uns 10 mil dólares. Simplesmente lindo. E o fato de Alvin trabalhar na Intel realmente não atrapalhava; a casa era toda automatizada. Era o paraíso da tecnologia. Eu adorava fazer uma visita e aceitava qualquer convite que ele fizesse.

Estou na outra ponta da escala; apesar de ter um belo carro, minha casa é muito mais modesta. Ela tem todos os brinquedos, como tevê de plasma, móveis antigos e um monte de umidificadores de charutos, mas minha casa é um espaço bastante privado. Posso contar nos dedos de uma mão os colegas que recebi em minha casa, e nunca um cliente. Para mim, minha casa é o local onde me dispo do meu papel no mundo e recarrego minhas baterias. Aprendi isso com meu pai, que voltava para casa, trancava as portas, desligava os telefones e descansava. Já pensei em comprar uma casa maior e, nos últimos anos, tive oportunidade de fazê-lo, mas, para mim, o *show* não acontece lá. Percebi que as mulheres na casa dos outros checam a cozinha, os tapetes e os *closets*. Eu só me importo com a televisão e os aparelhos eletrônicos. Eles me mostram como o cara se autoestima. Não consigo dizer a diferença entre um tapete e outro, mas identifico uma aparelhagem de som *top* de linha antes de tirar meus sapatos.

Homens Alfa usam suas casas como um clube. Eles não querem todos lá porque depreciaria o valor do convite. Eles levam as pessoas até a casa como sinal de confiança e intimidade, mostrando onde descansam a cabeça. Quando você estiver na casa deles, comporte-se como em uma igreja, porque para eles ela é um santuário que eles construíram para eles mesmos. Se você é convidado por um Homem Alfa para ir à casa dele, considere-se em boa posição. Se você não for convidado, mas igualmente ninguém o for, não leve para o lado pessoal; trata-se simplesmente do lugar onde ele se isola do mundo.

TABELA 3.4 Vários estágios das férias do Homem Alfa

NOVIÇO	Se ele tira férias (o que é raro), será de uma semana em algum lugar quente e barato, e ele vai dizer que foi para um lugar melhor e ficou mais tempo.
IMATURO	Um pacote com tudo incluso por duas semanas em algum lugar quente. (Os Velhos Alfa chamam de *spas* pegajosos.)
ASPIRANTE	Europa ou um *resort* tropical bem conhecido por duas semanas.
SÊNIOR	Algum lugar sofisticado na Europa, no Oriente, ou em um ponto isolado por quatro semanas umas duas vezes por ano.
DIPLOMADO	De novo, é difícil definir o diplomado. Ele pode ir para uma pequena estação de esqui, mas ele terá uma casa lá. Ele pode ir pescar em um rio tranquilo, mas irá de helicóptero.

FILIAÇÕES

Homens Alfa adoram fazer parte de clubes – quando mais exclusivo melhor. Existem clubes tradicionais em várias cidades onde caras velhos e estabelecidos ficam falando sobre seu dinheiro, e as únicas mulheres permitidas nos salões são as empregadas. Felizmente, esses grupos estão se transformando. Não porque eles mudaram de posição, mas porque os sócios estão sumindo. Ainda não consigo me posicionar sobre a situação desses clubes, se estão indo para o novo paradigma ou se estão parados no tempo. Só o tempo dirá.

Meu clube é um clube do charuto. Ele fica em Vancouver, a poucos minutos do centro, possui um número limitado de armários disponíveis para os membros e tem seu próprio espaço para os fumantes. Na parte da frente, existe uma loja com belos umidificadores e outros acessórios para se fumar, além de duas paredes repletas de maravilhosos charutos cubanos, hondurenhos e dominicanos. Logo do lado esquerdo da porta principal fica a sala para os membros e seus convidados. Você não pede para se filiar; você é convidado quando abre uma vaga. Se você não é um membro e não está com um membro, a sala não está disponível. Meu amigo Ted Loo, um conhecido profissional da boa forma física da Costa Oeste, foi quem me abriu as portas do clube. Antes, eu frequentava um em Yaletown, mas sentia que a média de idade era muito alta para mim. Eu continuava nele porque foi lá que Alvin, meu mentor, e eu passávamos a maior parte de nossas sextas-feiras antes de ele morrer. Ted me levou àquele clube e me apresentou ao proprietário, David. Através de uma indicação (o que iremos discutir mais tarde), Ted conseguiu que David liberasse um de seus armários pessoais para mim. Eu agora levo para lá clientes para reuniões de negócios, para comemorações ou para apresentar umas às outras pessoas que acredito farão juntas grandes negócios. Adoro quando chega alguém e pergunta por mim e então uma das maravilhosas recepcionistas o traz à minha seção. Dizem que uma filiação traz privilégios, e esse é certamente o caso com o City Cigar em Vancouver.

Os homens usam sua filiação em um clube para afirmar sua ordem hierárquica na sociedade como um todo. De acordo com os boatos, existem clubes em Vancouver em que o sócio paga uma taxa de manutenção anual de 35 mil dólares. Uns se dedicam aos esportes (iate clube ou clube de tênis). O interessante é que quanto mais caro é o clube, mais importantes são as pessoas que você encontra nele. De novo, assim como a casa ou o barco, penso que é melhor se filiar a clubes nos quais você já tenha amigos. São eles que podem tomar um drinque com você, te apresentar a pessoas; você paga a conta e ainda economiza uns 34.900 dólares em taxas todo ano. Esses clubes tentam ser seletivos, permitindo que apenas indicados por outros sócios se filiem. Eles, então, levam seu pedido a um conselho que decide se você é aceito ou não. A baboseira disso é que ninguém é rejeitado. Eles não vão rejeitar seu dinheiro a menos que você seja um mafioso, um bandido ou se algum sócio tiver problemas pessoais com você.

No meu clube do charuto, você não tem de pagar uma taxa de manutenção, não tem de ser aprovado por um conselho. Se você é uma pessoa destacada (reputação), você pode conseguir um armário quando vagar um. O que eu gosto nele é que lá você encontra desde bilionários até jovens profissionais que começam a se estabelecer nos negócios. Clubes são importantes para os Homens Alfa, e o tipo de clube a que são filiados diz muito sobre eles. Eles estão em um clube que apoia a honestidade ou estão em um clube que enaltece apenas a habilidade financeira? Existem clubes que cobram dezenas de milhares de dólares de taxa de manutenção e são basicamente lugares onde os sócios falam de seus negócios e ficam mostrando a carteirinha uns para os outros. Em outros, eles tomam a iniciativa de formar uma comunidade tanto internamente entre os sócios como com a sociedade em geral. Uma forma segura de você descobrir de que tipo é o clube é checar as exigências para a filiação. Você ficará chocado em saber que muitos deles fazem apenas exigências financeiras e que três sócios abonem seu pedido de filiação.

TABELA 3.5 Vários estágios da residência do Homem Alfa

NOVIÇO	Ou ele vive na casa dos pais, dividindo o quarto com alguém, ou com a namorada em um lugar barato que serve também de escritório para ele.
IMATURO	Um apartamento tradicional em um bairro razoável. Provavelmente mora sozinho, mas pode ser que tenha uma namoradinha dividindo o aluguel com ele.
ASPIRANTE	Ou um lugar bem legal alugado ou um lugar razoável que ele comprou.
SÊNIOR	Uma casa que cheira a grana. Ele pode tanto ter comprado como estar pagando um alto aluguel. Está numa região sofisticada e serve para entreter pessoas. É bem provável que ele seja dono, e tudo se refere a metros quadrados. Ele também pode ter um apartamento alugado em outra cidade.
DIPLOMADO	A grande casa da família (pense no complexo dos Kennedys), além de uma casa de férias e um apartamento na cidade. Pode também ter negócios imobiliários em outros países.

RELÓGIOS

Assumo, estou prestes a me deixar levar por um de meus assuntos favoritos e você pode começar a usá-lo assim que acabar de ler esta parte. Homens Alfa amam seus relógios. É uma joia que usamos para avisar que chegamos. Deixe-me fazer uma comparação para você entender plenamente o quão importante os relógios são para nós. Você já percebeu que, quando se encontram, as mulheres reparam nos sapatos e nas bolsas umas das outras. Então, quando elas se sentam juntas e uma delas se levanta, as demais dão uma rápida espiada no bumbum dela. As mulheres fazem isso para determinar uma ordem hierárquica em suas mentes. Outro determinante é o anel de noivado. Os da Dior superam os da Coach; Blahnik é mais que Jimmy Choo, e assim por diante. Bem, no mundo dos Homens Alfa, tudo se resume aos relógios. Quando um homem se senta com outros homens, ele dá uma rápida olhada no pulso dos outros para ver o que estão usando. Isso imediatamente estabelece uma ordem hierárquica. Eu vejo um Timex e penso: lixo. Vejo um relógio de *designer*, como Hugo Boss, Tommy Hilfiger, Armani, e penso que se trata de um papudo. Vejo um Tag Heuer, Oris, Omega ou Tissot, e penso que ele está no caminho, mas ainda não chegou lá. Vejo um Rolex e penso que ele quer ser seu pai. Vejo um Patek Philippe, Breitling ou Cartier, e penso que esse cara joga grande. Todo mundo que gasta US$ 7.000 em um relógio está tocando um grande banco. A primeira coisa que olho em qualquer cara que conheço é o relógio. Gostaria de dizer que estou envergonhado de ter uma coleção de relógios que vale mais de US$ 70.000, mas não estou. E estou apenas começando. E tenho de tudo, da Tag ao Breitling e dos clássicos aos novos com cronômetro. Com minha turma de Homens Alfa, quando usamos um relógio novo, os outros reparam antes mesmo de estarmos próximos o suficiente para conversar. Eu sugiro aos jovens com quem trabalho que, com seu primeiro grande contracheque, invistam em um relógio que eles imaginam poder bancar. Lembro-me de que gastei 2 mil dólares em meu primeiro Tag Heuer, e a peça não era a minha preferida. Jacqui encorajou-me a comprá-lo. No dia seguinte, os Alfas maiores começaram a me tratar diferente, mas nunca falamos sobre o relógio. Meus relógios não apenas são meu orgulho, como também uma ferramenta que uso no trabalho. Se vou me encontrar com colegas menores, uso o Tag ou o Seiko Sportura. Quando lido com os grandes caras, coloco o Breitling Super Avenger ou um relógio clássico. A única coisa melhor do que ter um modelo excepcional é ter um modelo que nenhum outro pode ter.

TABELA 3.6 Vários estágios de filiações do Homem Alfa

NOVIÇO	Time de hóquei, equipe de comedores de asas de frango
IMATURO	Jovens republicanos, câmara de comércio modesta, associação de indústria
ASPIRANTE	Associação de ex-alunos, associação cultural, talvez uma igreja, clubes de charuto, alguns clubes municipais menores, clubes de golfe (admissão inicial por volta dos US$ 5.000)
SÊNIOR	Clube de proprietários de carros, clube de profissionais a partir de certo nível (CEO, vice-presidentes), clubes de investimento, clubes municipais, clubes de golfe (admissão inicial de US$ 20.000 ou mais), também grandes estações de esqui (filiação anual)
DIPLOMADO	Horatio Alger Association of Distinguished Americans

TABELA 3.7 Vários estágios dos relógios do Homem Alfa

NOVIÇO	Seiko, Timex, Casio, relógios de *designers* (Gucci, Coach)
IMATURO	Tissot, Seiko de alta linha, Sector
ASPIRANTE	Tag Heuer, Omega, Mont Blanc
SÊNIOR	Rolex, Breitling, IWC
DIPLOMADO	Omega Vintage, Rolex, Breitling, e outros do tipo (coisas que você não consegue em lojas, são peças de colecionadores). Dito isso, o verdadeiro Cachorro Grande Homem Alfa não precisa usar um relógio. O mundo vai encontrá-lo se precisar dele. Ele é o senhor do tempo, não o contrário.

Moeda Corrente

A maior parte das moedas correntes aqui é para uso entre os homens. As mulheres também têm seus meios de indicar às colegas como estão indo (isto é, bolsas, sapatos e, naturalmente, cor, pureza, corte e carat de seu anel de noivado). Não me importo com o tipo de casa, carro, relógio, filiação ou férias que minhas clientes femininas e colegas têm. Mulheres frequentemente me perguntam se sei dizer o tipo de relógio que estão usando. Na maioria das vezes, não posso porque não me importa. Não estou me comparando a elas dessa forma. O que me importa é sua honestidade de palavra (reputação) e sua influência (rede de contatos). Se elas têm os dois, vamos fazer algum negócio. Penso que as mulheres não sabem das vantagens que têm com os homens. Não estamos querendo estabelecer uma ordem hierárquica com vocês. Nunca vamos competir para ser maior que vocês. Com os outros homens, nós temos gradações. Nós os colocamos em diferentes níveis em nossa rede de contatos. Com as mulheres, é sim ou não. Ou vamos fazer negócios com vocês ou não. É mais direto, e isso te beneficia se você está no círculo ou vai contra você em caso contrário. Quando você consegue determinar em que fase está o Homem Alfa, você sabe como melhor estabelecer uma parceria com ele, como fazer negócios e como se engajar em uma relação profissional com ele. A informação que passei dá a você uma base para determinar qual é a melhor forma de trabalhar com ele. A seguir, o que esperar ao fazer negócios com os cinco níveis:

Tabela 3.8 O que as mulheres podem esperar nos estágios do Homem Alfa

NOVIÇO	É perigoso para você. Ele é mais egoísta do que o normal e, quando as coisas começam a sair do controle dele, o noviço vai buscar um jeito de eximir-se de responsabilidade e culpar alguém. Esse cara é tóxico, mantenha distância.
IMATURO	Um Alfa nesta fase tem algum espaço de manobra para fazer negócios, mas ele é cuidadoso na forma como investe seu tempo. Se você quer trabalhar com ele, procure mercados nos quais vocês podem entrar juntos com força. O imaturo vai assumir que vai correr na sua frente, então o acompanhe e busque puxar o gatilho você mesma.
ASPIRANTE	Ele é focado em desenvolver canais de negócios. O aspirante sabe onde pode fazer dinheiro (nichos de mercado) e busca se tornar a força dominante nesses mercados. Se você tem acesso a esses mercados, ou a algo que o faria se destacar nesses mercados, comece por aí. Você precisa ser bastante clara sobre o que quer e o que está oferecendo a ele para ser levada a sério. Você tem de ser capaz de puxar o gatilho.
SÊNIOR	Ele tem mais oportunidades do que tempo e procura pessoas que, através de seu trabalho, permitam que ele faça mais dinheiro. Se você é excepcional no que faz e ele pode reivindicar crédito por seu trabalho, o sênior vai trabalhar com você e fazer os dois ricos. Você precisa estar no ponto certo porque existem dezenas de pessoas atrás de você tentando ser sua peça-chave. Se você atender às expectativas, vocês terão um grande relacionamento. O sênior precisa de você mais para concretizar trabalhos do que para caçar.
DIPLOMADO	Ele quer ensinar, quer retribuir, mas só aos merecedores. O diplomado sabe que a opinião dele importa e quer se sentir respeitado. Todos querem algo dele, então pergunte primeiro o que pode fazer por ele. Na relação com ele, você tem de agregar valor.

4
Coisas que Motivam os Homens nos Negócios

Eis o grande segredo que todo Alfa sabe, mas que ninguém fala sobre. Tendo tido conversas francas com muitos Alfas em minha vida, sei que essa informação é tão poderosa que fazemos o que for preciso para escondê-la.

Não existe um único Homem Alfa no mundo ocidental que não seja totalmente impulsionado por suas inseguranças. Uma vez que começamos a ganhar dinheiro, tememos que um dia isso vá parar. Sempre destacamos nossas habilidades, quase sempre de forma exagerada, e então caímos rapidamente na defensiva para que ninguém descubra. É como uma cidade dos filmes de faroeste. Parece boa de frente, mas faremos tudo para que você não olhe a parte de trás. Não me lembro de um dia desde que eu tinha 15 anos (e comecei a fazer dinheiro) em que não me preocupei sobre quanto dinheiro ganhei e deixei de ganhar, sobre como me comparava a outros caras que conhecia e com minha posição na ordem hierárquica.

Agora adulto, sou atormentado pela insegurança de ter de manter a bola rolando. Todo dia, CEOs de todo o mundo acordam e se perguntam: "É hoje que vão descobrir que não sei o que estou fazendo?". É por isso que somos tão agressivos quando recebemos críticas ou consideramos como crítica algo que alguém disse. Achamos que você "nos descobriu" e então vamos à guerra para tirar sua credibilidade e tentar preservar nosso ego. A seguir, alguns fatores que contribuem para a nossa insegurança e o que fazemos para continuar no jogo.

COMO AVALIAMOS OS OUTROS HOMENS NOS NEGÓCIOS

Os Alfas usam basicamente um processo de três estágios para decidir se vão ou não fazer negócios juntos, que envolve visibilidade, credibilidade e lucratividade. Podemos usar esse processo com simplicidade com cada um porque os homens têm entre si um código de honra. Um Alfa não sai com a ex de um amigo. Não falamos mal da família de outro Alfa. Quando damos a palavra a outro Alfa, assumimos uma obrigação. Não quebramos promessas com os outros. Existe um nível básico de respeito entre nós. Devido a tudo isso, fazemos a aproximação em três estágios para administrar a relação de negócios uns com os outros.

VISIBILIDADE

Nesse primeiro estágio, somos detectados um pelo outro e sabemos o lugar que ocupamos no mercado. Pense em dois cachorros se contatando rapidamente. Se chegarmos a um entendimento comum sobre os possíveis benefícios que traria o conhecimento maior um do outro, passamos para o outro estágio: credibilidade.

CREDIBILIDADE

Quando dois homens se descobrem, eles então sondam se cada um é excepcional no que faz e se estão no mesmo nível em termos de desempenho. Uma vez que cada um sabe o que o outro pode realizar (isso às vezes ocorre através de pequenas transações entre eles), eles vão começar a fazer negócios juntos em um ritmo acelerado. Além de fazer negócios juntos, eles agem como indicador de mercado um para o outro. Se ouvirem que algo está prestes a surgir, eles imediatamente comunicam aos homens com quem fazem negócios para ver quem pode se beneficiar da informação. Eles começam a espalhar a informação que obtiveram.

LUCRATIVIDADE

Os dois Alfas começam juntos a ganhar dinheiro. Eles honram a relação e se preocupam em não ser o elo fraco dela. Uma vez que o dinheiro começa a jorrar, eles apenas deixam que continue. Os Alfas não precisam gostar uns dos outros. Eles só precisam se respeitar a fim de criar uma relação de negócios.

QUANDO TRAVAMOS GUERRA UNS COM OS OUTROS, A ANIMOSIDADE TEM UMA EXPECTATIVA DE VIDA DE 12 MESES

Homens podem ter brigas homéricas, de se destroçarem, de algumas vezes irem até às vias de fato e não se falarem por 12 meses. Eles então vão se cruzar, vão tomar uma cerveja juntos e começarão a fazer negócios de novo. É como se o botão reiniciar fosse apertado depois de 12 meses. Deixamos as coisas morrerem e começamos de novo.

APOIAMOS OS HOMENS, MESMO QUANDO ELES ESTÃO MAL

Esta é uma das maiores diferenças entre homens e mulheres. Os homens se incentivam, e as mulheres jogam umas às outras para baixo. Os homens constantemente se incentivam para serem maiores, melhores e terem mais lucros. Engajamo-nos em uma disputa verbal que nos joga para frente. Se comento a respeito de um negócio que acabei de fechar, algum amigo vai me falar de um negócio ainda maior que ele está concluindo. Estamos em constante movimento e desafiando uns aos outros a manter o ritmo. Nós enaltecemos o sucesso e jogamos o fracasso para debaixo do tapete.

As mulheres fazem exatamente o contrário. Quando uma comenta como a vida anda ruim, as demais de seu grupo de apoio se apressam em dizer como a situação delas é ainda pior. Recentemente, eu estava com um grupo de mulheres em Detroit. Uma delas disse: "Meu marido é o maior vagabundo do mundo!". Então, outra contestou: "Você está errada. Meu marido é um vagabundo tão grande que faz seu marido parecer um trabalhador dedicado!". Então, uma terceira entrou na conversa: "Sinto muito, queridas, mas meu marido ganhou a medalha de ouro de o maior vagabundo do mundo."

Por que vocês fazem isso? Por que é importante serem negativas na troca de experiências? A sociedade força as mulheres a serem duras com si próprias, enquanto incentivam o homem a desfrutar a vida. Mais alguém tem problema com isso? Eu estava em uma livraria em Nova York folheando revistas. Uma revista feminina tinha as seguintes chamadas de capa:

- "Como se livrar do bumbum flácido".
- "Como conseguir que ele volte para você depois de ele ter te chutado".
- "Como fazer as pazes com amigos que te traíram".

É brincadeira? São coisas cruéis, e vocês estão comprando uma revista dessas para descobrir como administrar uma vida horrorosa. Ao mesmo tempo, na capa de uma revista masculina, que acho é publicada pela mesma editora, havia estes títulos:

- "O novo Bentley. Como consegui-lo e por que você o quer".
- "Fatores de sucesso que todos os homens precisam saber".
- "Como viver o melhor da sua vida".

Dá para imaginar por que os homens sentem que têm uma vantagem em relação ao sucesso? Os homens têm um código de honra entre si, e vamos ajudar uns aos outros se alguém estiver para baixo, mesmo se não gostamos dele. Em várias ocasiões, vi um cara levar uma pancada da vida e todos os seus amigos se unirem para levantá-lo, e mesmo os caras que não gostam dele vão falar alguma palavra de incentivo. Os homens honram o código dos Rangers do Exército dos EUA que diz que nenhum homem será deixado para trás.

As mulheres, por outro lado, agem de forma oposta. Quando uma mulher leva uma pancada e cai no chão, as outras mulheres se juntam para pisar nela. As mulheres parecem pensar que, esmagando uma mulher, elas avançam na fila. Olhe o que aconteceu com a Martha Stewart. Ela é a queridinha das mães trabalhadoras: uma forte mulher de negócios, uma apresentadora de tevê e decoradora de sucesso, e a CEO de um império global. Quando Martha levou uma pancada por suposta fraude financeira, foram as mulheres que lideraram a caça às bruxas, não os homens. As mulheres alegaram que ela as havia traído. Dá um tempo! Ela tropeçou, e as mulheres se apressaram em pular nas costas dela para ter certeza de que ela ia até o fundo. Quando as mulheres pararem de se atacar umas às outras e começarem a se apoiar, a maré vai mudar.

VALEMOS PARA A SOCIEDADE O QUANTO GANHAMOS

Os homens são julgados pela sociedade por sua capacidade de criar riquezas. Muitos irão argumentar que os homens deveriam ser julgados por serem bons cidadãos, bons pais, bons maridos, bons amigos e por outras características do tipo. Concordo, deveríamos ser julgados por todos esses atributos, mas, no fim das contas, todo homem julga os outros homens por sua capacidade de ganhar dinheiro.

A sociedade incentiva isso, enaltecendo os grandes empresários como líderes globais. Warren Buffet, Donald Trump, Mark Cuban. Esses três são extremamente ricos e venceram por esforço próprio. Eles foram elevados à condição de líderes porque fizeram muito dinheiro. Isso faz deles bons homens? Não necessariamente, mas eles estão no topo da ordem hierárquica na sociedade.

Nossa sociedade venera dinheiro e bens. Jovens são expostos a essa adoração econômica enquanto veem videoclipes e os atletas profissionais. Eles até começam a entrar no esquema provocando uns aos outros sobre o tipo de trabalho que seus pais têm. Assim como as mulheres são julgadas pela aparência, os homens são julgados pela capacidade de ganhar dinheiro. Não está correto, mas é um fato.

Por isso, nós, homens, começamos a observar como podemos ganhar mais dinheiro. Vamos para a faculdade para termos condições de conseguir um bom emprego e somos ou um grande aluno ou, no meu caso, um péssimo aluno. Se nos destacamos nos estudos, tentamos conseguir um emprego em uma grande corporação onde possamos escalar até o topo. Muitas vezes pulamos para posições mais bem pagas para podermos ganhar mais e mais dinheiro.

Existem aqueles, como eu, que terminam a faculdade e, já que não existe uma fila na sua porta esperando para te contratar, têm de criar seu próprio emprego montando uma companhia. Apesar de ser o caminho mais duro, isso nos permite criar riquezas em um ritmo exponencialmente mais rápido do que o dos nossos colegas que batem ponto.

Quando comecei a Think Tank, eu tinha acabado de sair da companhia de serviço público onde eu estava ganhando um bom dinheiro, mas onde eu sabia nunca conseguiria ganhar dinheiro suficiente para entrar no círculo dos vencedores. Então, saí da companhia e nunca olhei para trás.

Todos os meus amigos que tinham empregos medíocres riram quando eu contei que ia continuar por conta própria. "Você é um idiota!", julgou um, "Eu mataria para ter um emprego como o seu!", disse outro. "Aposto que a Jacqui está animada por ter de te sustentar!", afirmou um terceiro, "Diga-me se precisar pedir dinheiro emprestado para comprar comida!", comentou outro. Esse foi o apoio que recebi dos meus amigos. Meus amigos!

O medo começou a tomar conta de mim. Talvez eu devesse ter ficado no emprego; eu podia ter um futuro lá. Talvez eu tivesse cometido um grande erro. Mas, no fundo, eu sabia que ou eu me daria muito bem ou muito mal, e tudo gira em torno do se dar muito bem. Minha necessidade de ganhar muito dinheiro me deu coragem para sair da companhia e formar a Think Tank. Mas, antes de seguir em frente, deixe-me compartilhar um segredo com você. O que eu mais temia não era fracassar. Aos 26 anos, o que eu mais temia era ter de ser sustentado pela Jacqui se eu desse com a cara no chão.

Sabia que todos os homens que conhecia iriam pensar que eu era o maior perdedor do mundo se eu não conseguisse pagar nossas contas. O medo de cair para o fundo da cadeia alimentar era maior do que o de qualquer telefonema de venda que já fiz. E eu odeio venda por telefone!

Agora a dica. Se você cruzar a frente de um homem a caminho do círculo dos vencedores, ele vai te jogar para fora antes mesmo de você o ver chegar. Essa é uma das razões por que nos confrontamos. Se um cara entra no meu caminho quando estou indo ganhar dinheiro, eu vou jogá-lo para fora. Nem paro para pensar. Ele não vai nem saber o que aconteceu. Tenho amigos homens que cruzaram o caminho dos meus negócios, e eu arrumei uma montanha de argumentos para afastá-los. Eu e alguns dos meus amigos temos um ditado: "Ou você está em cima do rolo compressor ou embaixo dele". Ou seja, ou você está comigo ou está me fazendo perder tempo. Quando homens vão à guerra, ou é por causa de dinheiro ou de ego.

AMAMOS NOSSOS TÍTULOS

Os homens amam seus títulos. CEO, presidente, presidente do conselho – esses são títulos que temos em alta consideração e que nos distinguem em nossa companhia e no mercado. O título representa, entre os homens, nosso valor na sociedade. O presidente é mais importante do que o vice-presidente, que é mais importante do que um diretor, que é mais importante do que um gerente, que é mais importante do que um supervisor, que é mais importante do que um empregado. O engraçado nos negócios é que sem o empregado as demais posições são irrelevantes. Se alguém não estiver fazendo o trabalho, a companhia não vale nada. Ainda assim, amamos nossos títulos.

Tenho amigos que trocaram de companhia por um cargo melhor e um salário menor. É verdade. Conheço homens que deixaram empregos em companhias estabelecidas onde eram "diretores de comunicação" com um salário de US$ 100.000 anuais para se tornarem vice-presidentes de uma companhia recém-criada com um salário de US$ 80.000. O título nos permite blefar com as pessoas sobre quanto estamos ganhando, especialmente se nosso salário ainda não nos orgulha. Ser o CEO de sua própria companhia tem mais peso do que ser o gerente-regional de uma corporação. Se cair a cortina, provavelmente aquele CEO estará ganhando menos da metade do salário do gerente-regional, mas presume-se que esteja ganhando mais.

Além de sugerir às pessoas quanto estamos ganhando, os homens precisam desses títulos por duas razões: (1) Para determinar a cadeia de comando e o nível de poder e (2) para termos algo a aspirar.

Se não houvesse títulos, poderíamos brigar para ganhar mais dinheiro, mas as pessoas poderiam não saber. Com um alto título, um homem deve estar (mas nem sempre) ganhando mais dinheiro do que as pessoas com títulos menores.

A maioria dos homens não admite, mas amamos títulos. Entretanto, parece que quando você entra no círculo dos vencedores o título não importa mais. Quando comecei minha empresa, não podia esperar para dizer às pessoas que eu era o CEO da Think Tank. Agora, quando as pessoas perguntam o que faço, digo que trabalho para a Think Tank. Acho que só estamos preparados para dar menos importância ao nosso título quando percebemos que, na verdade, ele não importa. Parece que os empreendedores superam mais rapidamente essa questão de título do que seus colegas que trabalham em corporações que eles não controlam.

TEMEMOS MULHERES NO LOCAL DE TRABALHO

Desde que o caso Clarence Thomas[1] trouxe à tona a questão do assédio sexual, os homens não sabem como agir. Por muitos e muitos anos, os homens assumiam liberdades com as colegas de trabalho, mas agora, com toda a preocupação envolvendo sexo e condutas impróprias, nós pisamos em ovos quando as mulheres estão por perto.

Estou generalizando, mas devido à quantidade de processos por assédio sexual e por temermos ganhar uma má reputação no ambiente de trabalho, não sabemos mais como agir. Quando homens estão com brincadeiras e uma mulher entra na sala, paramos tudo porque não queremos ser acusados de fazer piadas de mau gosto, de deixar as colegas desconfortáveis, de agir como predadores ou de seremos conhecidos como o "galinha" do escritório.

Muitas vezes, agimos estranhamente porque um sinal de aviso se acende dentro da gente sempre que nos envolvemos em uma situação que pode ser mal interpretada. Um dia, enquanto trabalhava neste livro, assistia às notícias na tevê quando uma repórter muito atraente terminou de apresentar sua matéria na rua e chamou o homem da meteorologia no estúdio. Mas ele não estava a postos. Então, outro apresentador (parte de uma mesa de dois homens e uma mulher) disse: "Gatinha, você pode jogar para cá".

Imediatamente, desviei meu olhar do *laptop* para a tevê e vi a cara desse sujeito de uns 50 anos ficar toda vermelha e ele dizer: "Peço desculpas. Eu disse algo estúpido". Ele estava atordoado, como se tivesse levado um soco na testa. O outro apresentador começou a remexer seus papéis quando a apresentadora disse: "Joga para mim, doçura", e trocou risinhos com a repórter que tinha sido chamada de "gatinha".

---

1 Juiz que perdeu nomeação à Suprema Corte dos EUA ao ser acusado de assédio sexual no local de trabalho.

Sei o que aquele cara estava pensando porque eu estava pensando a mesma coisa: ele vai ser demitido! Eu podia ver todas aquelas telespectadoras escrevendo cartas de protesto e mudando de canal, porque era desconfortável vê-lo se encolhendo. Ele ultrapassou os limites. Não acredito que ele estava querendo depreciá-la. Não acredito que ele estava tentando insinuar-se para ela. Acho que eles eram amigos e, relaxado, ele disse algo inapropriado. Homens sabem que hoje um comentário como aquele pode acabar com uma carreira. Imagine uma palavra ser suficiente para acabar com a carreira de alguém. Os homens não sabem o que é e o que não é aceitável para as mulheres na maioria dos casos, e por isso estamos cautelosos. Acho que as mulheres precisam educar os homens sobre como elas gostam de ser tratadas. Tenho clientes mulheres que são bastante assediadas pelos homens. Se elas dão logo um fora neles, eles se recolhem e querem ficar o mais longe possível delas (e fingir que sua ofensiva nunca aconteceu). Eu sugeriria que elas agissem mais ou menos assim:

(Cena: Mulher se encontrando com um cara que se insinua para ela no café.)

Gary: "Tudo bem?"

Lisa: "Estou tendo um dia difícil. Todos esses 'galinhas' continuam me dando cantadas e me deixando realmente incomodada. Por que os caras acham que estão sendo charmosos quando na verdade estão sendo ofensivos?"

(Isso é um ataque preventivo e deve ser realizado antes que ele tenha tempo de fazer um comentário.)

Gary: "Deve ser desconfortável. O que você diz?"

(Ele está testando para saber qual é o julgamento dela de comportamento impróprio.)

Lisa: "Eu não faço nada. Apenas baixo os olhos para os meus papéis e espero que eles cuidem do trabalho deles. Caras como aqueles ficam depois pensando por que ainda estão solteiros. Mulheres acham repulsivos homens muito atirados."

(Ela apenas mencionou sobre como os homens parecem horríveis quando agem dessa forma e o ego dele recebeu a mensagem. Como o cão de Pavlov, se ele fizer uma investida, mesmo acidental, e ela imediatamente olhar para seus papéis, ele vai saber que acabou de dar uma mancada. Ela agora está em completo controle da situação.)

O homem não sabe mais quando é apropriado apertar a mão, abraçar ou o que quer que seja, então, normalmente, preferimos errar por excesso de conservadorismo. Se um cara pisar fora da linha e você não quiser envergonhá-lo, na próxima vez que você o encontrar faça um comentário sobre algo que outro cara fez e que você achou grotesco.

NOSSO EGO É O SEGREDO DO NOSSO SUCESSO E NOSSO CALCANHAR DE AQUILES

Os homens são provocados o tempo todo por terem grandes egos, mas vou contar um segredo para você: o poderoso ego que nos impulsiona nos negócios é frágil. Quando achamos que não estamos indo tão bem quanto devíamos, ca-vamos fundo e encontramos formas de seguir em frente em direção ao objetivo. É para nosso ego que montamos negócios. Foi o meu ego que me permitiu ter sucesso na minha iniciativa pessoal.

Quando decidi deixar a corporação e começar meu próprio negócio, eu pus meu ego na linha de tiro. Se eu não fosse bem-sucedido, eu seria conhecido pelos homens com quem convivo não apenas como um péssimo montador de negócios, mas também como o bobo da cidade por ter deixado um grande emprego para falir em seu próprio negócio. Meu ego jogou-me para frente. Naquele primeiro ano, meu ego foi muito machucado, mas fez também hora-extra para me manter no jogo. Pouco depois de montar a Think Tank, decidi telefonar para os outros consultores da cidade e bater um papo sobre como poderíamos trabalhar juntos.

Estava consciente de que, além de eu saber muito pouco sobre como tocar uma consultoria, havia centenas de coisas que eu não sabia nem que eu não sabia! Queria ter um encontro com esses caras para traçar um plano de ação de trabalho (homens fazem isso o tempo todo). Esperava que eles me dessem algum trabalho para eu ficar mais maduro, mas eu não queria parecer necessitado ou fraco.

Eles acabaram me humilhando e dizendo que me "jogariam algumas migalhas", trabalhos que não estavam a fim de fazer. Disse a eles para fazerem outra coisa com as migalhas, que eu ia conseguir os melhores trabalhos e era eu que ia jogar migalhas para eles! Saí daquele encontro tremendo, meio revoltado e meio temeroso de que havia acabado de cometer suicídio profissional. Esses caras fizeram-me um favor ao me encurralar em um canto onde o fracasso não era uma opção que eu podia aceitar.

Trabalhei duro para provar a eles que estavam errados e tenho orgulho de dizer que consegui. Meu ego naquele primeiro ano estava em uma montanha-russa. Todo sucesso fortalecia meu ego e toda falha (Vê? Não consigo nem dizer fracasso.) provocava para sempre uma pequena rachadura nele. Pense no ego como o centro de poder do homem. Se ferido, leva tempo para reparar.

Um dos meus primeiros contratos foi com uma editora para reescrever seu plano de *marketing*. O cliente assinou um contrato de 1.500 dólares (um décimo do que cobramos agora), e fui para casa nas nuvens. Eu estava muito orgulhoso de mim e tinha provado que podia ir ao mercado e conseguir trabalho por conta própria. Não podia esperar a Jacqui chegar para dizer a ela o que eu tinha feito. Eu parecia um cão esperando pacientemente, mas excitado, pela volta do resto da família.

Quando Jacqui chegou, eu estava sentado na cozinha com um grande sorriso estampado no rosto e com o contrato no bolso. Eu estava nas nuvens. Disse à Jacqui que havia conseguido um grande contrato, e ela também ficou empolgada. Minha esposa disse para mim: "Meu Deus. Parabéns! Você está parecendo um verdadeiro consultor".

Na mosca... bum! Pense em um lago gelado se rachando. Meu ego foi atingido em cheio pelo seu comentário. Entendi que ela pensava que eu estava querendo me passar por um consultor, que eu estava fazendo o papel de um consultor, mas não sendo levado muito a sério. Naturalmente, agora posso olhar para trás com objetividade e entender o que ela quis dizer, mas naquele momento ela tirou todo o vento das minhas velas. Eu perguntei: "O que você quer dizer... parecendo um verdadeiro consultor?"

Ela replicou: "Você sabe, quero dizer que você se preparou para isso e você conseguiu. Eu sabia que você conseguiria". Eu não podia deixar o comen-tário passar batido. É engraçado, enquanto escrevo isso, é como se eu pudesse sentir a marca da cicatriz que o comentário deixou no meu ego. O ego de um homem não está na mente, como dizem alguns, mas logo atrás do coração. Sei disso porque é o lugar onde sentimos o prazer nos bons tempos e a dor quando caímos. Isso foi em 1998.

Quando Jacqui se formou em direito em 2004, eu disse para ela: "Parabéns! Você está parecendo uma verdadeira advogada". Ela olhou para mim e comentou: "Jesus. Não está na hora de você superar isso?". Como o ego pode nos afetar e quantos danos ele pode sofrer com um inocente comentário. Amo Jacqui. Imagine se uma colega de trabalho tivesse feito isso comigo – enterrada sob sete palmos com certeza!

PREFERIMOS SOBRESSAIR A NOS ENCAIXAR

Os homens costumam brincar que as mulheres cavam suas trincheiras e tentam garantir que todos estejam protegidos. As mulheres foram educadas para não excluírem as pessoas, não deixarem ninguém para trás. Acho que isso deve ter sido instalado na mulher.

Os homens, por outro lado, são pressionados desde o primeiro dia a serem especiais em alguma coisa para não se tornarem um parasita. Observe os homens conversando. Não nos olhamos diretamente uns para os outros e falamos daqui-lo em que somos bons, o que alcançamos, o que planejamos alcançar e como somos bons.

Quando as mulheres se encontram, a linguagem corporal delas se combina. Ou elas passam o tempo todo se elogiando ou se autodepreciando a fim de fazer alguma do grupo se sentir melhor. Os homens chamam isso de "cacarejar". Pensem em galinhas em uma granja. Enquanto o galo está fora do poleiro atormentando a todos, as galinhas estão amontoadas no interior cacarejando.

Outro bom lugar para se observar isso é nas equipes esportivas. Tenho observado mulheres armando um time, e o mais importante para elas é a vitória do time. Os homens também estão muito concentrados em ganhar, mas estamos igualmente preocupados em ser o melhor em algo. Em todo time de hóquei no gelo em que joguei, alguém se destacava por ser o patinador mais rápido, o que batia mais forte, o que tinha melhor pontaria, o melhor defensor, o melhor atacante, o de melhor passe e por aí vai. Cada um buscava algo que o tornasse especial entre os companheiros, mesmo trabalhando em conjunto pela vitória do time.

As mulheres buscam se encaixar no grupo. Os homens, criar o grupo. Podemos ainda nos considerar parte do grupo, mas o que estamos verdadeiramente procurando é uma posição que demonstre que estamos à parte e acima do grupo. Nos negócios, temos posições como nos esportes. Faço parte do grupo dos caçadores, aqueles profissionais que estão em serviços complementares e que entram coletivamente no mercado, e no meu time existe o cara da armação (que faz os negócios terem continuidade), o planejador (desenvolve as estratégias), o cara dos posicionamentos (nos alinha com as pessoas certas), o administrador de risco (faz o papel de advogado do diabo e protege nossa retaguarda), e o matador (o camuflado que é trazido para fazer o cliente assinar o acordo). Sabemos que se cada um fizer o que faz de melhor, todos vão se beneficiar. Todos jogam seu melhor jogo porque não queremos ser o elo fraco e não queremos perder a posição que alcançamos.

QUEREMOS ASSUMIR A FRENTE DE TUDO, MAS NÃO NECESSARIAMENTE FAZER O TRABALHO

Quantas vezes você participou de uma reunião importante com colegas masculinos que ficam doidos para propor o nome deles para gerenciar um projeto e imediatamente depois da reunião começam a recrutar pessoas para trabalharem com ele e, na verdade, concretizarem o projeto? No fim das contas, consideramo-nos bemsucedidos se delegamos absolutamente tudo que podemos do projeto e apenas fiscalizamos o trabalho. Fazemos isso para garantir nossa aposta no projeto. Se formos bem-sucedidos, podemos reivindicar para nós todo o crédito. Se fracassarmos, temos a quem culpar. Aprendemos essa tática com os outros homens e ela modela nosso comportamento. Enquanto vocês continuarem assumindo nosso trabalho, não há nenhum motivo para mudarmos.

Devo acrescentar que aperfeiçoamos o modelo do comitê organizador. Nós nos oferecemos para chefiar o comitê, o que faz parecer que estamos apaixonados pelo projeto, mas, na realidade, isso nos permite delegar trabalho em vez de assumi-lo. Nós, então, formamos a equipe e distribuímos tarefas para todos.

"Cheryl, você fica por conta das reuniões. Barb, você fica responsável pelo espaço da reunião e pelo lanche. Tabitha, você prepara a lista de convidados. Stephanie, você trata da diversão. Margaret, você arruma a verba para nós".

Estamos tão interessados em não assumir nenhum trabalho que pedimos para vocês nos consultarem se houver algum problema, em vez de sermos nós a checar periodicamente com vocês. Se vocês não nos procuram, tudo deve estar indo bem. Tendo delegado todas as tarefas, nós nos garantimos quanto ao resultado. Se for um sucesso, assumimos plena responsabilidade. Se for um fracasso, nossa única responsabilidade foi acreditar que os membros da nossa equipe poderiam dar conta do trabalho. Bom para nós; ruim para vocês.

ATACAMOS POR BAIXO SEM SERMOS DETECTADOS

O enterrar sob sete palmos de terra é a arma preferida do Homem Alfa quando ele quer tirar outro profissional da jogada. Gostamos de usá-la porque é eficaz, não detectável, não deixa rastros e neutraliza totalmente a pessoa. É uma forma de ataque tão poderosa que pode acompanhar uma pessoa mesmo que ela mude de carreira, e muitas de suas vítimas nem sabem que ela existe. Deixe-me dizer do que se trata, por que a usamos e como a usamos.

Quando somos envergonhados, criticados, minados, vítimas de complô, caluniados ou alvo de qualquer ato que avaliamos como sendo ofensivo, nós atacamos. Quando um colega de trabalho provoca o fracasso de um projeto, não assume responsabilidades ou é mais um peso do que uma ajuda, nós atacamos. Quando alguém não é capaz de cumprir o prometido, fica choramingando ou de alguma outra forma se torna inconveniente, nós atacamos.

Quando atacamos, usamos o enterrar como nossa arma preferida. O enterrar é o oposto de uma indicação nos negócios. Em vez de referendarmos alguém, deixamos claro que aquela pessoa não tem nossa aprovação. A rigor, nós a colocamos na lista negra.

Quando um homem enterra uma mulher, ele não demonstra qualquer emo-ção, não busca o apoio de outros e não faz isso na frente da vítima. Ele espera o momento ideal e então lança sua campanha passional para desacreditar e minar a pessoa.

Eis alguns exemplos do enterrar sob sete palmos em ação:

Exemplo 1

Rick: "O que você acha de convidar a Gillian para participar da reunião?"

Eu: "Não sei se a Gillian seria minha primeira escolha."

Exemplo 2

Allan: "Você acha que a Marian tem potencial para ser uma sócia?"

Eu: "Acho que depende do tipo de reputação que estamos querendo construir."

Exemplo 3

John: "A Betty ficou muito emotiva na reunião. Ela deixa todos desconfortáveis."

Eu: "Acho que todo profissional precisa aprender a ser profissional o tempo todo."

Muitos podem não ver nada de mais danoso em meus comentários. Mas para outros homens eles são uma forma discreta de sugerir que a mulher em questão precisa ser marginalizada. Esse tipo de ataque se torna ainda mais poderoso caso a mulher ouça falar sobre ele e confronte o atacante, já que ele pode facilmente defender sua posição. Um exemplo:

Quando estou realmente disposto a enterrar uma mulher, faço isso de forma direta e rápida. Vamos supor que uma mulher me deixou envergonhado em um ambiente de negócios. Então, decido tirá-la do caminho questionando sua credibilidade. Vou até um Homem Alfa que conheço e digo algo do tipo:

Eu: "Você conhece a Christi?"

Amigo Alfa: "Sim, ela está no grupo de planejamento de negócios com você, não está?"

Eu: "Com certeza. Ela é ótima, focada, e está trazendo um monte de contas próprias. Acho que ela traz um certo nível de profissionalismo para a companhia. Ela não seria minha primeira escolha para gerenciar meus clientes, mas ela é ótima".

Pimba! Acabei de bombardear a credibilidade de Christi com esse Homem Alfa. Eu então repito o diálogo com todos os outros Homens Alfa que conheço e que me respeitam. De repente, Christi vai sentir como se tivessem passado cola no caminho dela e que as coisas estão ficando difíceis para ela, mas não entende o motivo. Pode ser que, de alguma forma, ela fique sabendo o que falei e venha fumegando para cima de mim. Estou preparado para isso. Tenho um Plano B para o caso de um ataque frontal de uma mulher irada. Veja o que aconteceria:

Christi: "Disseram-me que você falou que eu sou focada, que estou trazendo muitas contas, trazendo certo nível de profissionalismo, mas que você não me escolheria para gerenciar suas contas. O que há de errado comigo? Por que você acha que eu não sou boa o suficiente para administrar suas contas?"

Sei que lá no fundo Christi quer acreditar que tudo não passa de um mal-entendido. Ela quer crer que podemos superar tudo e voltar a trabalhar juntos. Sei que ela está emocionalmente abalada; então, vou me livrar dela e plantar dúvidas na sua cabeça. Minha resposta:

Eu: "Christi, primeiro deixe-me dizer que fui pego completamente desprevenido (neste momento estou rindo por dentro). Deixe-me ser franco. Você consegue lidar com a franqueza, Christi? Eu disse tudo que você acabou de falar, mas você tirou do contexto. Acho que você é ótima, traz negócios e valoriza a empresa. Entretanto, não vou despejar minha carteira de clientes sobre você. É isso que os homens fazem aqui. Preferiria que cuidassem dos meus clientes aquelas pessoas que não somam, assim você poderia continuar fazendo o que faz de melhor — trazer trabalho. Não estou te atacando, estou te apoiando".

Admito que neste ponto algumas pessoas podem não acreditar que isso funcione, mas já vi isso sendo feito tantas vezes que sei que, de um jeito ou de outro, as pessoas a verão perder o controle (se ocorrer em público — e o resto dos homens vai enterrá-la) ou ela vai ficar frustrada e nervosa se estivermos apenas os dois. De qualquer forma, ela foi ferida de morte.

Eu não a estou atacando diretamente; estou apenas retirando meu apoio a ela, o que envia um claro sinal para os outros homens. No futuro, ela irá acidentalmente ser omitida de *e-mails* da equipe, seus apontamentos não vão ser marcados a tempo, e os homens que querem enterrá-la vão procurar formas criativas de minar ainda mais a sua credibilidade.

A maneira mais comum de se conseguir isso é atribuindo a ela tarefas que ela não é capaz de realizar, mandando-a despreparada para reuniões e, principalmente, encorajando comportamentos e ações que vão sabotar sua reputação. Os homens montam armadilhas para as mulheres, afastam-se e deixam-nas caírem.

Muitas mulheres que foram enterradas só souberam o que aconteceu depois que se viram fora do círculo profissional de trabalho. Advogadas devem tomar cuidado com homens de menos peso que fecham parcerias antes do que elas. Aquelas no setor financeiro podem acabar se dando conta de que estão treinando aqueles que terminam sendo seus superiores. Em outros ambientes de trabalho, mulheres podem começar a perceber que estão sempre tendo de correr atrás de informações que todos os outros parecem já ter.

Quando faço palestras, muitos não dão conta do poder do enterrar sob sete palmos. Deixe-me dar-lhe um exemplo sob a perspectiva feminina para você pensar a respeito. Tenho dois metros de altura e peso 135 quilos. Vamos imaginar que começo a trabalhar em uma firma que emprega um monte de mu-lheres. Uma certa mulher, que é respeitada pelas outras mulheres, faz o seguinte comentário no banheiro feminino:

Lisa: "O novo cara, Chris, parece ser bem legal. Ele já está trazendo grandes serviços, o que me agrada muito. Ele parece muito educado, e se ofereceu para me trazer um café quando foi à lanchonete. Acho que ele vai ser um reforço profissional para a firma. Eu não iria ao porão sozinha com ele, mas acho que ele é um cara legal..."

Se você ouvisse isso de uma colega de trabalho, você consideraria ir sozinha comigo ao porão? Provavelmente, não, certo? Você não saberia exatamente por quê, mas, de qualquer forma, acharia melhor não ir. O mesmo acontece quando um homem ouve alguém enterrar você. Ele não precisa saber o porquê, mas ele sabe que é melhor manter distância.

A única maneira de conseguir não ser enterrada é ganhando poder suficiente para ficar imune a seus efeitos. Você quer ficar em uma posição onde ninguém nem consideraria esconder informação de você, onde vão preferir te oferecer parceria ao invés de te perder e as suas contas, e onde seus colegas e seus superiores percebam que você tem um valor que não pode ser facilmente substituído. Isso é feito de uma forma simples: sendo lucrativa para sua companhia. Se consegue trazer negócios, você se torna lucro em vez de despesa, e de muitas formas se blinda contra um enterramento.

ODIAMOS CRÍTICAS E ATACAMOS SE ALGUÉM QUESTIONA NOSSA REPUTAÇÃO

Tenho falado sobre nossos egos e sobre como eles nos impulsionam. Mulheres que criticam os homens atacam diretamente nossos egos, e isso é algo que não aceitamos. Essa é a forma mais rápida de uma mulher ser enterrada, não apenas pelo alvo de suas críticas, mas por todos os homens que a ouvem.

No fundo, os homens são fortes por fora e frágeis por dentro, e lutamos contra o medo de sermos expostos como uma fraude por nossos pares. Quando somos criticados, esse temor começa a se tornar realidade e temos de neutralizar o mais rápido possível a ameaça. Isso explica por que o cara que você critica parte para cima de você. Mas por que todos os outros caras também partem? Por temermos que sejamos o próximo a ser criticado e, se nos livrarmos de você, não teremos mais com quem nos preocupar.

É importante entender que ninguém precisa estar errado para você estar certa. Crítica é um julgamento, e julgamentos trazem problemas para as pes--soas, especialmente quando elas são esculachadas e ainda mais se esculachadas na frente de um grupo. Não estou dizendo que você tem de se sentar e aceitar tudo, ser pequena e sem brilho, ou aceitar algo que vai contra seus princípios. O melhor conselho que posso te dar é: crítica no local de trabalho dificilmente traz vantagens. Mulheres frequentemente perguntam como podem fazer críticas construtivas para Homens Alfa no trabalho sem melindrá-los. É como se eu perguntasse como posso dizer a uma mulher que o bumbum dela parece não estar cabendo nas calças sem ferir seus sentimentos.

Se você é chefe de um Homem Alfa, você pode tratar a questão sem fazer parecer que ele errou. Vamos supor que seu Homem Alfa arruinou uma apresentação de negócio.

PRIMEIRA OPÇÃO (Resultando em sabotagem, enterramento sob sete palmos ou pedido de demissão.)

Se você diz: "Rick, a apresentação não transcorreu nada bem. Você precisa desacelerar e falar mais claramente. Além disso, você tem de se lembrar de mencionar, como já te falei, os benefícios que se tem trabalhando conosco". Ele vai simples-mente te ouvir e então começará a procurar um novo emprego sem você saber e, enquanto isso, lançará um duro ataque para te enterrar. Por tê-lo diminuído, você o fez sentir como se ele fosse sua "vadia" (você pode não ter tido a intenção, mas é assim que ele vai se sentir) e agora ele precisa se safar da situação.

Outra forma de tratamento (lembre-se, você não precisa fazê-lo estar errado para você estar certa) seria comentar a situação:

SEGUNDA OPÇÃO (Conseguindo o que você quer sem pisar no ego dele.)

"Rick, acho que nossos clientes não entenderam o que estamos tentando fazer para eles. Penso que seria interessante se nós fôssemos mais devagar para termos certeza de que eles estão entendendo. Aí, deveríamos definir quais são os pontos-chave e martelá-los até que entrem na cabeça deles. Então poderemos puxar o gatilho e seguir em frente. O que você acha?"

Aqui você desviou um pouco a atenção para o cliente e pediu para ele te ajudar a encontrar uma solução. Lembre-se, os homens estão programados para acreditar que, quando as mulheres identificam um problema, são eles que terão de consertá-lo. Portanto, deixe-o consertar sob sua pressão.

Se o caso envolver um chefe ou um colega do mesmo nível que o seu, meu conselho é: simplesmente não dê conselhos nem faça análise ou crítica. Mesmo se ele disser que as quer, ele não quer. Ninguém pode criticá-lo mais do que ele mesmo. Ele é seu crítico mais duro, e você alimentará sua insegurança se concordar com a crítica dele. Ele não pode controlar o crítico que está dentro dele, mas certamente enfrentará seus críticos externos. Os homens são sensíveis quanto à forma como as mulheres falam deles. Os homens ficam se provocando o tempo todo, portanto, desqualificamos qualquer comentário masculino. Mas as mulheres, por outro lado, muitas vezes falam o que pensam e isso machuca fundo. Os homens entendem de forma bem diferente o que as mulheres dizem. Aqui, alguns exemplos do que você pode dizer e o que os Alfas vão ouvir (todos com potencial de transformar você no alvo de um sete palmos):

TABELA 4.1 Problemas de comunicação comuns em Homens Alfa.

O QUE VOCÊ DIZ	O QUE O ALFA OUVE
"Gostaria que aquela reunião tivesse terminado na hora."	"Você se enrola nas reuniões."
"Fiquei surpresa que aquele cliente não acietou o negócio."	"Você não consegue puxar o gatilho com eficiência."
"Gostaria de um aumento porque já estou aqui há um ano."	"Eu devia ganhar mais porque estou tendo de te aguentar, e não porque valho mais este ano."
"Por que esta equipe não consegue se entender?"	"Você não sabe liderar pessoas."
Você deveria falar com o Ben."	"Você não sabe fazer seu serviço nem administrar seu pessoal nem controlar situações, então preciso mostrar as coisas para você."
"Gostaria de te ajudar no que for preciso."	"Você se afunda e alguém tem de tirá-lo do atoleiro."
"Sua mulher deve ser uma pessoa forte."	"Você é um merda que tem sorte de ter uma mulher."
"Acho que temos de dar mais atenção aos clientes."	"Você está dormindo no leme e afundando este navio."
"Você está criando expectativas irrealistas."	"Você piorou."

Quando as mulheres pensam que estão sendo úteis com seus comentários, o que elas não percebem é que estão dando um tiro no pé. Aquele negócio de retroinformação ou avaliação 360 graus foi inventado ou por uma mulher ou por um Homem Beta. Os Alfas não se importam com sua avaliação porque assumimos que somos mais espertos do que qualquer um que conhecemos. Faça comentários (críticas) por sua conta e risco.

OU QUEREMOS SER IGUALZINHOS AOS NOSSOS PAIS OU COMPLETAMENTE DIFERENTES

Homens cujos pais fazem parte de suas vidas olham para eles como um modelo a ser seguido. Enquanto crescemos, a mágica de nossos pais ou se intensifica ou se desvanece. Nosso pai é a primeira figura de autoridade que experimentamos e está no topo da nossa ordem hierárquica a maior parte de nossa juventude. Quando nos aproximamos dos 20 anos e começamos a perceber que temos controle sobre nossas vidas, ou passamos a admirar nossos pais ou a ter aversão a eles. É importante que as mulheres entendam isso, porque dá uma noção única sobre o que se passa dentro dos homens.

Fui criado em uma casa onde meu pai era a força dominante. Você não arrumava confusão com ele, você não discordava dele e, definitivamente, você não cruzava o caminho dele. Meu pai e eu tínhamos algumas discordâncias, e fiquei cerca de um ano sem conversar com ele quando eu estava na faculdade. Durante esse tempo, eu furei a orelha, fiquei cinco centímetros mais alto do que ele, e comecei definitivamente a ganhar corpo. Além de tudo, estava frequentando boates e tinha um ego para alimentar.

Depois que acertamos os pontos, fui visitá-lo. Preparei-me para uma batalha. Eu estava pronto para brigar com o Cachorro Grande e ver se conseguia trocar de posição na ordem hierárquica. Quando o vi, seus olhos foram direto para minha orelha furada. Para provocá-lo, eu disse: "Legal, não é?". Ele respondeu: "Não é algo que eu faria em mim, mas, se funciona para você, tudo bem". Caí para trás. Eu esperava que ele tentasse me ridicularizar, desse-me uma daquelas cutucadas com as quais havia me acostumado, mas nada disso aconteceu.

Acho que meu pai me viu pela primeira vez como um homem e considerou que seu trabalho havia sido concluído. Houve uma formatura em nossa relação naquele dia. Demos início ao nosso relacionamento adulto, e refleti sobre algumas decisões que meu pai tomou em relação à minha vida e percebi algo importante: ele fez o melhor que podia com a informação que dispunha.

Deixei de lado um monte de coisas que tinha levantado contra ele e passei a estimá-lo ainda mais do que antes. Comecei a trabalhar duro para ser um homem que ele tivesse orgulho de ter em sua família e passei a me moldar diante da sua ética no trabalho, da forma como fazia negócios e de como se comportava. Alguns de meus outros irmãos, que não tiveram essa experiência com meu pai por alguma razão, são o oposto dele. Eles não se empolgam com o trabalho – trata-se apenas do meio para um fim. Para mim, meu trabalho me definiu por muitos anos e de certa forma ainda me define. Isso é algo que compartilho com meu pai.

Se você se pergunta por que um cara age da forma como age, aproveite qualquer chance de conhecer o pai dele. Você verá uma versão mais antiga dele ou seu negativo. Admitamos ou não, todos vivemos à sombra de nossos pais. Qualquer cara que diz que seu pai não o influenciou está mentindo. Mesmo se seu pai não esteve presente na sua vida, ele quase certamente foi influenciado pela ausência do pai.

ESTAMOS MAIS CONCENTRADOS NO OBJETIVO DO QUE NO PROCESSO

Uma das frustrações mais comuns na relação entre homens e mulheres refere-se a ritmo e foco. As mulheres são especialistas em processo: decidindo o que tem de ser feito, quem fará o que, quando será feito e estabelecendo todo o planejamento necessário para se cumprir com sucesso uma tarefa. Os homens gostam de ação e de estar prontos para a ação. Adoramos nos envolver em negócios, estabelecer relações estratégicas e fechar negócios. Nossa estratégia é atirar, preparar, apontar. As mulheres checam a direção do vento, olham aten-tamente para o alvo, decidem que arma usar, garantem que a arma esteja na mão da pessoa certa, miram o alvo, garantem que nada entrará na linha de tiro, preparam para atirar, checam novamente para ver se o atirador está pronto, e então disparam. Dá para ver a diferença entre os dois.

As mulheres são mais bem-sucedidas no geral no trabalho porque elas pensam o processo e fazem o dever de casa. Os homens têm sucesso com menos frequência, mas, quando temos, levamos um décimo do tempo da mulher para chegar lá. As mulheres enaltecem a responsabilidade, enquanto os homens enaltecem o risco. Esses dois pontos de vista estão naturalmente em conflito. Quando os homens estão correndo, tudo em que pensam é o objetivo, o objetivo, o objetivo. As mulheres acham então que os homens são míopes e não dão atenção a detalhes importantes. Os homens observam as mulheres passando pente-fino nos detalhes e pensam: "Perda de tempo, perda de tempo, perda de tempo (e de dinheiro)".

Vou ilustrar essa questão. Duas colegas e eu nos sentamos para discutir a situação de um cliente que buscávamos. Faço estratégia de negócios, uma das colegas se preocupa com as vendas e a outra, com o *marketing*. Elas começaram a falar sobre todas as coisas que sabíamos, sobre as que precisávamos descobrir e tudo que tínhamos de preparar. Finalmente, pude falar e disse: "Apenas arrumem uma reunião, e eu fecho com o cliente". Elas me olharam com um sorriso irônico (elas me conhecem bem) e perguntaram: "O que você vai dizer a eles na reunião?". Respondi: "Não sei, descubro durante a reunião". Todos soltamos uma gargalhada porque havíamos tido anteriormente uma discussão sobre a diferença no tratamento das questões entre homens e mulheres; mas é verdade!

Tenho grande admiração por essas duas mulheres porque elas dominam suas áreas de atuação, mas vou cortar os pulsos se tiver de ficar sentado ouvindo todos os detalhes. Não sou programado para isso. Elas, por outro lado, pensam que, apesar de eu ser bem-sucedido, sou arrogante nos negócios, e elas se sentiriam melhor se tivessem mais informação antes de entrarem na reunião. Entendo que a abordagem delas funciona para elas, mas para mim é pura perda de tempo.

O homem só se interessa pelo processo se ele for absolutamente necessário para atingirmos nossa meta. Quando viajo para os Estados Unidos, pergunto a colegas qual é a melhor forma de ir do aeroporto até o centro da cidade, qual o processo que usaram para desenvolver sua rede de contato, e peço outras infor-mações que possam me oferecer um atalho (leia vantagem) para meu objetivo. Se não posso ver claramente a vantagem que obterei ouvindo o processo, desligo-me.

Pensem em como os homens acompanham os esportes. Assistimos aos programas de esporte para ver cada gol, ponto, jogada e destaques em dezenas de esportes. Não assistimos a uma partida de hóquei para olhar como os jogadores passam bem, como evoluem a jogada, como eles se aquecem. Assistimos por aquele momento espetacular quando um time mostra seu domínio sobre o outro de forma definitiva: o gol.

PARTE II
MULHER COMO SABOTADORA

5

Fazendo Água: Levando As Coisas Para O Lado Pessoal

Você já...

    1. sentiu ter perdido uma oportunidade para alguém?

    2. perguntou para um cliente por que você não foi escolhida para um projeto?

    3. questionou um colega por que você não foi escolhida para uma equi-pe?

    4. sentiu ter sido preterida para um cargo?

    5. sentiu ter um bom relacionamento com um cliente, mas acabou vendo esse mesmo cliente entregar o serviço para um de seus concorrentes?

    6. deu apoio a um cliente ou colega, mas não teve reciprocidade?

    A mulher é duramente castigada nos negócios por ser emotiva demais. "Não leve para o lado pessoal, não tem nada a ver com você. É o que é melhor para os negócios". Apesar de ouvirmos essas palavras, elas não são fáceis de aceitar. Em um modelo perfeito, negócios são apolíticos, assexuados e objetivos. Infelizmente, os homens confundem tudo envolvendo seus problemas nas situações. Negócios são construídos em cima de relações pessoais, mas os indivíduos que não são beneficiados pelas decisões tomadas não deveriam levar a questão para o lado pessoal. Isso é mais fácil falar que fazer.

    Quando as decisões não me favorecem, tenho tentado, em minha carreira, examinar o que eu poderia ter feito diferente, por que meus clientes tomaram decisões contra o que eu considerava ser o melhor, e o que eu posso ter feito que tenha tido um impacto negativo no resultado. Assim que faço essa reflexão, paro e me recomponho. Negócios são negócios. Não é nada pessoal. As decisões tomadas devem refletir o que é melhor para os objetivos do negócio. Essa é uma pílula dura de engolir, mas é necessário. O que sempre tento fazer é me distanciar da situação e analisar objetivamente o lado dos negócios. Faço-me essas perguntas:

1. Quais as cinco prováveis razões pelas quais eu não fui escolhido para esse projeto?
2. Alguma pessoa foi voto vencido no processo de decisão?
3. Houve influência política?
4. Se eu estivesse no lugar deles, o que eu decidiria?
5. Quais os potenciais efeitos negativos caso eu tivesse sido escolhido?
6. O que posso aprender com isso?

Analisando objetivamente, normalmente descubro por que as coisas tomaram aquele caminho. No ano passado, nossa companhia de comunicação entrou em uma licitação para um desafiador trabalho na região de Vancouver, com o objetivo de promover uma pesquisa e elaborar um projeto de revitalização da área. Essa área está tomada pela prostituição, pelas drogas, pelos sem-teto e sofre com a falta de continuidade nos negócios. Quando li os termos da licitação, eu sorri. Aquele projeto havia sido feito para nós. Nós tínhamos não apenas feito trabalho parecido em outras partes da província como éramos especialistas na área de desenvolvimento que era exigida. O edital de licitação foi publicado durante as festas de fim de ano, e, apesar de eu normalmente não trabalhar nos feriados, pensei: "Cavalo dado não se olha os dentes". Passei alguns dias elaborando nossa proposta e tinha muita confiança de que aquele trabalho havia sido talhado para nós, mas ainda teríamos de passar por um processo de licitação. Sabia que nenhuma companhia tinha a experiência e o sucesso que tí-nhamos, e éramos não apenas os favoritos, mas na verdade a companhia que o conselho queria contratar.

Apresentamos nossa proposta junto com outras cinco companhias. Depois de uma semana, não fiquei surpreso em saber que havíamos sido selecionados junto com outra companhia para fazer a apresentação do projeto ao conselho. Quando cheguei para minha apresentação, disseram-me que a outra companhia tinha se atrasado e havia acabado de começar a apresentação de 45 minutos.

Em vez de ficar irritado, sorri e pensei comigo mesmo: "Erro de principiante. Chegaram atrasados para a apresentação. Péssima maneira de causar impressão!". Sentei-me e li os jornais enquanto a companhia de consultoria rival fazia suas ginásticas para o conselho. Eu já estava confiante antes de chegar ao local, e imagine como fiquei depois de saber que meus competidores chegaram com 40 minutos de atraso para a apresentação. Quando eles saíram da sala do conselho, um dos conselheiros olhou para mim com uma cara de quem não havia gostado. Quando o grupo da outra companhia passou por mim, apresentei-me e estendi a mão. Eles só disseram "Oi" – e saíram sem apertar minha mão. Pensei comigo: "Pobres perdedores".

Quando entrei, o presidente do conselho me informou que tinha de sair porque estava atrasado para um compromisso. Ele apertou minha mão e desejou boa sorte. Isso não me perturbou porque ele só sairia se tivesse segurança em relação a nós e se os demais conselheiros se sentissem confortáveis nos entrevistando. Eu conhecia os demais membros do conselho, e eles a mim. Eu já tinha feito trabalhos de planejamento para esse grupo e nos dávamos bem.

O membro do conselho que assumiu o lugar do presidente começou dizendo: "Bem, Chris, fale-nos sobre você". Todos rimos, já que nos conhecíamos muito bem. Perguntaram com um sorriso o que eu sabia sobre a associação deles, e eu disse que sabia muitas coisas já que tinha organizado a sessão de planejamento estratégico dela, trabalhado com seu diretor-executivo na política de desenvolvimento, assim como havia auditado seu plano de desenvolvimento de negócios. Saí da reunião eufórico. Negócio fechado! Eles me disseram que iam comunicar o candidato vencedor até o fim da semana.

Naquela sexta-feira, telefonei para a diretora-executiva para saber do resultado, e ela me informou que a outra companhia havia sido a vencedora porque tinha na equipe um consultor que falava cantonês. Lembro-me de dirigir até meu escritório em estado de choque. Era impossível. Eu conhecia aquelas pessoas. Elas me conheciam. Elas sabiam que tínhamos feito um trabalho idêntico com ótimos resultados. Era impossível. Levei totalmente para o lado pessoal.

Passei o resto do dia atordoado. Naquela noite, sem conseguir dormir, fiz as seguintes considerações: Por que eles não me escolheram? Houve questões pessoais? Houve influência política? Como eu decidiria se estivesse no lugar deles? Percebi que a companhia escolhida estava localizada na área em questão. Eles já tinham relações com muitos dos grupos que estariam envolvidos no projeto. Eles provavelmente sabiam de coisas sobre a área que eu não sabia por não viver lá. E apesar de eles não terem a experiência que tínhamos, eles contavam com um interesse particular no resultado do projeto. Eles viveriam as consequências caso o projeto não fosse bem-sucedido. Para eles, muita coisa estava em jogo.

Seria difícil para a associação buscar promover o comércio interno na área e trazer um grupo de consultoria externo. Eles precisavam ser coerentes. Na minha avaliação, eles fizeram o que era melhor para a área e tomaram uma decisão consistente. Deixando de lado meus sentimentos pessoais e examinando todos os lados da situação, posso ver que a decisão não foi pessoal... foi apenas negócios.

Muitas das minhas clientes me dizem que os Homens Alfa, diversas vezes, assumem crédito pelo serviço que elas fizeram. Chefiando conselhos ou grupos, em geral, os Alfas dizem que vão fazer o serviço, mas então os deixam para as mulheres na equipe, que eles sabem vão assumir o trabalho pesado. Então, quando o projeto é concluído com sucesso, eles assumem todos os créditos sem dar reconhecimento àqueles que realmente fizeram o serviço. O que digo às minhas clientes é difícil de engolir, mas é verdade: homens são promovidos devido ao mais alto nível de incompetência delas.

As mulheres que trabalham em projetos nos quais seus colegas homens assumem o crédito têm um enorme valor para esses homens. Esses homens não esquecem que não foram eles que fizeram o trabalho. Eles percebem que as mulheres que os ajudaram são aquelas que devem ser mantidas por perto. Meu pai sempre dizia: "É muito melhor ser o fazedor de reis, do que o rei". Isso é verdade. O poder pertence àqueles que colocam outros em posições de destaque. Você se blinda contra qualquer tiroteio que possa vir e, no fim das contas, você sabe como fazer o trabalho, ele não. Isso o torna muito, muito valioso.

Muitas das minhas clientes me dizem: "Sim, entendo isso, mas ele está me usando". Argumento que as mulheres têm controle sobre como os outros interagem com elas. Não assuma responsabilidade por um resultado se alguém já assumiu. Se alguém quiser se vangloriar do que é capaz de fazer, garanta que ele tenha corda suficiente para se enforcar.

A verdade é que homens muitas vezes entregam às mulheres trabalhos que estão além das responsabilidades delas. Isso pode ser uma grande oportunidade para mulheres querendo ascender nos negócios. Pense nisso como uma chance de demarcar um espaço que de outra forma seria impossível.

É como trabalhar em uma construtora onde o gerente está sempre bêbado, doente ou ausente e você fica responsável pelo serviço dele. Você podia pensar: "Não estão me pagando para eu fazer esse trabalho". Ou você pode assumir: "Estou aprendendo como administrar uma construtora apesar de ter sido admitida para ser apenas uma assistente".

Quando chegar o momento de buscar um cargo de gerência no ramo, você terá excelentes respostas a dar em sua entrevista de emprego. Quando perguntarem sobre sua experiência profissional, você poderá dizer: "Fui contratada pela Companhia X para ser auxiliar do gerente, mas, devido à carga de trabalho, muitas vezes tive de assumir as responsabilidades do gerente, tais como manejar subcontratos, preencher documentos municipais, acompanhar projetos com os arquitetos, organizar o local do trabalho, interagir com os clientes, entrar em licitações, fiscalizar a folha de pagamento e administrar orçamentos".

Se você considerar seu patrão incompetente ou seu colega de trabalho relapso como uma oportunidade, você vai se sobressair nos negócios em vez de se sentir frustrada por não ser valorizada.

Se, mesmo depois de uma avaliação objetiva, você ainda pensar seriamente que alguém está te perseguindo, você deve tomar algumas precauções. Sempre digo a minhas clientes que homens fracos tentam dominar em um confronto aberto; homens fortes atacam e você nunca saberá de onde partiu. Se alguém está em seu encalço e tenta tornar sua vida profissional um inferno, você tem duas opções: aceite a situação ou encontre uma nova oportunidade onde você se encaixe melhor.

Sempre fico cauteloso quando tenho clientes que ficam sensíveis com o ambiente no trabalho. Elas sentem que estão sendo excluídas de reuniões, que não estão tendo as oportunidades que merecem ou que estão sendo preteridas em relação a outros homens.

Não existe um homem de negócios são no mundo que não conceda aos funcionários que estão trazendo dinheiro para a companhia o que eles querem. Trabalho com várias advogadas que almejam se tornar sócias da firma onde trabalham. Elas têm a impressão de que seus colegas de profissão conseguem chegar à condição com muito mais facilidade, e elas se sentem diminuídas. Elas começam a levar a questão para o lado pessoal.

Elas me dizem: "Tenho sido leal à firma. Trabalho duro. Fico até tarde. Estou sempre à disposição quando precisam. Meu trabalho é impecável". Pergunto a elas: "O que você acha que é preciso para ser um sócio?".

Elas respondem: "Você tem de ser um grande advogado que represente bem a firma. Você tem de ser uma pessoa de destaque em seu ramo da advocacia.

Você tem de ajudar a erguer a firma. Você tem de ter um interesse de longo prazo no sucesso da firma. Você tem de ter influência na comunidade. Coisas do tipo".

Eu concluo: "Uma coisa me salta aos olhos, não apenas em relação à sua condição para se tornar uma sócia, mas também para reassumir o controle de sua vida como uma advogada. Você diz que construir a firma é um pré-requisito para se tornar um sócio. Suponho que os sócios em sua firma estejam trazendo mais negócios do que eles podem dar conta. Eles estão aumentando o valor da firma atraindo novos clientes com suas reputações e conexões com a comunida-de. Podemos dizer isso?".

A cliente responde: "Sim, acho justo dizer isso".

Agora é hora da pergunta dura, que é sempre recebida da mesma forma: "Você está trazendo mais trabalho do que você pode dar conta ou você está atendendo os clientes que entram ou que são encaminhados a você?".

A cliente quase sempre dá um sorrisinho encabulado e diz: "Normalmente, faço o trabalho que me passam. Não tenho trazido tantos outros".

Quase sempre, depois de dizer isso, a cliente percebe que os obstáculos não estão lá para mantê-la para trás, mas sim para separar os caçadores dos ruminantes. Em negócios, os caçadores têm primazia sobre aqueles que esperam para serem alimentados.

Quando uma advogada de 15 anos de casa assume que não é por uma vingança pessoal que ela ainda não se tornou uma sócia, ela pode avaliar objeti-vamente por que a sociedade ainda não lhe foi proposta. Do ponto de vista dos negócios, ela simplesmente não está trazendo serviço o suficiente para garantir para ela o princípio sagrado. Não sou um advogado, mas estimo, como um fomentador de negócios, que se um advogado, independentemente do sexo, está trazendo o equivalente a US$ 750.000 – US$ 1 milhão em trabalho, é do maior interesse da sociedade torná-lo um sócio. Se os demais sócios não oferecerem uma parceria, o advogado pode simplesmente sair e formar sua própria firma. Se você produz apenas o suficiente para pagar seu salário e cobrir custos, por que ofereceriam participação nos lucros para você?

Livre-empresa é um sistema maravilhoso no qual o mais rápido, os grandes visionários e aqueles motivados pelos negócios vão assumir a liderança do mercado. Indivíduos que levam as coisas para o lado pessoal serão ultrapassados por aqueles que percebem que negócios são apenas negócios.

6

Disparando Alarmes: Vestindo Máscaras

Você já...

1. Levou biscoitos ou bolos para seus colegas de trabalho?

2. Aconselhou alguém a tomar vitamina C, um analgésico ou outro remédio contra uma forte gripe?

3. Fez circular um cartão de aniversário para outros assinarem pelo aniversário de alguém?

4. Ofereceu-se para organizar um evento de negócios extraordinário?

5. Foi excessivamente dominadora em uma reunião para deixar claro para os homens que eles não podem pisar em você?

6. Discutiu seriamente com colegas de trabalho masculinos?

7. Limpou a mesa onde seus colegas fizeram um lanche a fim de que a reunião pudesse continuar?

8. Sentou-se quieta e esperou até que pudesse ser útil para algo durante uma reunião?

9. Fingiu gostar de algum esporte para ter sobre o que conversar com colegas homens?

10. Foi até um bar tomar umas cervejas com eles (e você não gosta de cerveja)?

11. Tomou mais do que três drinques em um evento da firma?

12. Flertou fortemente com um colega ou um cliente?

13. Dormiu com alguém do seu ramo de negócio?

Quando falo desses comportamentos nos seminários, muitas vezes vejo mulheres olhando para baixo ou ficando envergonhadas. As mulheres foram educadas a desempenhar papéis a fim de conseguirem algum tipo de controle em situações pessoais e profissionais. Antes de orientar mulheres nos negócios em tempo integral, passei anos observando mulheres em ambientes de negócios e vendo como elas se ajustavam às diversas situações. Vou explicar as cinco principais máscaras que as mulheres usam quando elas acreditam ter chegado o momento de deixar de ser autêntica e de assumir um papel. Pode parecer que essas máscaras produzem forte resultado, mas, no longo prazo, elas minam a integridade e a credibilidade profissional das mulheres que as usam.

CACHORRA

Cachorra é uma das máscaras que a maioria das pessoas identifica rapidamente. A máscara de cachorra leva a pessoa que a usa a dominar a situação, cria cenários exigentes e deixa que o mundo saiba que ela não pode ser nem subestimada nem minada. Com ela, a mulher quer que todos saibam que suas palavras são acompanhadas por latidos e mordidas. Ela entra nas reuniões como uma Cruella Deville[22] e exige com ferocidade que tanto os homens quanto as mulheres reco-nheçam que ela é uma força a ser considerada. Normalmente, homens chamam mulheres como essa de "sargenta nazista", lésbica louca, chuta-bolas e outros nomes depreciativos.

Pela minha experiência pessoal, as Cachorras são muitas vezes as profissionais mais comprometidas e apaixonadas, mas elas estão cansadas de serem subestimadas e de terem uma posição submissa. Ela luta para conquistar pleno controle a fim de garantir que não irá perder o controle.

Uma das minhas primeiras mentoras nos negócios era uma Cachorra estereotipada. Deixe-me adiantar: ela nunca foi uma Cachorra comigo, mas eu via a transformação quando íamos juntos a reuniões. Lembro-me de conversas que tive com ela sobre desenvolvimento de projetos em seu escritório no centro da cidade. Ela tinha um grande sorriso estampado no rosto e ficava empolgada com tudo que estávamos construindo. Ser conselheiro em desenvolvimento

---

2 Personagem do filme *101 Dálmatas*

de projetos é tanto animador quanto educativo. A pessoa vê como um projeto se desenvolve de uma visão para a uma realidade, e você cria uma relação de muita confiança e mutuamente benéfica. Eu a conhecia muito bem e tínhamos estado juntos em bons e maus projetos. Ela era subestimada na cidade em que trabalhávamos e sempre parecia estar lutando por sua credibilidade.

Um dia, em particular, nos encontramos antes de uma reunião do conselho municipal para definirmos uma estratégia sobre uma venda de estoque. Traçamos nosso plano e fomos para a câmara dos vereadores da cidade em meio a brincadeiras. Assim que entramos no prédio, ela trocou de personalidade na minha frente. Seu passo se transformou na marcha imperial do Darth Vader, e ela entrou na sala como um furacão. Ela ficou muito mal-humorada, e respondia às perguntas com frases curtas e diretas.

Quando apresentamos nossas sugestões, ela olhou diretamente para cada um na sala que ela julgava poderia falar algo contra a ideia. Sentado em um canto, pensei que eu poderia ter dito algo no carro que a tivesse irritado e a deixado de mau humor. Ela rebateu duramente argumentos contra nossa ideia, atropelando repetidamente os opositores à nossa ideia. Os homens na sala começaram a ficar agressivos com ela, mas felizmente o tempo estava acabando e o presidente propôs uma votação. Ganhamos a votação, e a reunião foi rapidamente postergada.
Saí com ela do prédio, esforçando-me para acompanhar sua marcha.

Assim que entramos no carro, sua personalidade voltou a ser aquela de antes da reunião. Confuso, perguntei o que a tinha deixado tão irritada (e torcendo para que ela não dissesse que tinha sido eu). Ela disse que não estava irritada; ela estava séria e queria deixar claro para todos que estava levando o projeto muito a sério. Já tendo certa intimidade, achei que podia ser direto com ela e comentei: "Você parecia uma bruxa malvada na reunião". Ela respondeu que os homens não a levariam a sério se ela não fosse agressiva. Eles pisariam nela se ela desse uma oportunidade. Ela me disse que alguns deles estavam obviamente tentando encurralá-la com perguntas estúpidas. Fiquei atônito. Nós dois tínhamos visto a reunião sob luzes completamente diferentes.

Depois de alguns instantes, disse para ela: "Eles não estavam atrás de você. Eles não tinham lido seu material e buscavam informação para se inteirarem rapidamente do projeto a fim de entenderem o que você estava falando sem ter de admitir que não tinham feito seu trabalho pré-reunião". Ela afirmou que eu estava errado e que todos aqueles homens tinham problema com mulheres fortes. Foi a primeira vez que percebi como homens e mulheres veem de forma diferente a mesma situação de negócios.

Uma semana depois, voltávamos para outra reunião do conselho e eu disse para ela: "Você consideraria alterar seu comportamento na reunião para fazermos uma experiência? Penso que, se olhar para os homens à mesa e perce-ber que eles não fizeram o dever de casa, e ainda assim querem manter o poder decisório, você verá que as perguntas deles terão um significado diferente para você. Se você ajustar o comportamento, acho que chegaremos a um consenso muito mais rápido". Ela disse que respeitava meu ponto de vista, mas que eu era jovem demais para entender a política de negócios em uma cidade pequena. Afirmei que estava disposto a pôr dinheiro em cima das minhas palavras e apos-taria minha parte do adiantamento mensal do contrato que eu estava certo. Ela sorriu e disse que estava pronta para pegar o meu dinheiro.

No caminho para a câmara dos vereadores, fiz uma descrição para ela de cada Homem Alfa que estaria na reunião e como eu achava que ela deveria transmitir para cada um a informação. Ela escutou atentamente e fez várias perguntas. Sugeri uma abordagem que estava mais em linha com a forma como ela agiu comigo e mais próxima de como ela realmente era. Ela sorriu e disse que lamentava ter de pegar meu dinheiro e me mostrar a realidade, mas que seria uma boa lição para mim. Entramos na sala e ela desejou bom dia a todos.

O comportamento dos homens em relação a ela mudou radicalmente. Eles sorriram para ela e se sentaram rapidamente quando perceberam que ela estava pronta para começar. Ela olhou para mim intrigada e começou a apre-sentar nossas ideias, e, recapitulando o que estava nas pastas de preparação para aquele en-contro, destacou que todos seriam beneficiados, além de ter explicado como o projeto seria implementado. Ao término da apresentação, um dos mais cor-pulentos Homens Alfa na sala levantou a mão. A personalidade dela mudou imediatamente para o modo "cachorra" na expectativa de um ataque. Ela olhou para mim como a expressão: "Não te disse!" O Alfa afirmou: "Gostaria de apre--sentar uma moção pela aprovação deste projeto". Daria para derrubá-la com uma pena. Ela esperava que ele fosse questionar o projeto, mas, na verdade, ele o defendeu e o conselho aprovou a ideia por unanimidade.

A Cachorra alimenta diretamente a necessidade de conflito do Alfa. Dificilmente, eles baterão de frente com ela, mas os Alfas começam a minar sua autoridade com as outras pessoas mantendo-a fora do centro de poder. Homens no grupo vão ignorar o que ela diz, fazer coisas que a frustrem torcendo para ela chorar e demonstrar fraqueza, e esquecer de convidá-la para reuniões importantes. Alguns chegam a ponto de planejar sua queda de forma que sua credibilidade sofra danos irreparáveis. Tenho visto mulheres que usam esta máscara serem excluídas de atividades porque os Alfas afirmam que é difícil demais trabalhar com elas. Colocar a máscara de Cachorra é fazer o jogo do Homem Alfa. Eles adoram conflito e alguém procurando briga. É uma das formas mais rápidas de ser marginalizado do grupo.

Você pode estar usando a máscara de "Cachorra" se:

- se envolve em guerras verbais em reuniões.
- acredita que o ataque é a melhor defesa.
- acha que é importante que as pessoas não pensem que você é fraca e quer provar isso dando exemplo com outras pessoas.
- declara guerra aberta contra pessoas que foram injustas com você.
- tenta atropelar as pessoas para ser ouvida.
- usa de intimidação como parte de sua estratégia.
- quer se livrar de pessoas que você acredita estejam agindo mal com você.

Gueixa

A Gueixa é o polo contrário da Cachorra. A Gueixa senta-se calmamente e fica esperando ser chamada por um dos homens em seu círculo. Ela é rápida em providenciar coisas que foram esquecidas, nunca fala nada temendo ser rude e aguarda a orientação dos outros. A Gueixa é a versão feminina do "Homem do Sim". A vontade dos outros é uma ordem para ela.

Quando é pedida sua opinião, ela vai analisar os dois lados da questão e então dirá: "Meu Deus, é difícil decidir porque os dois lados têm suas razões... O que vocês pensam?". Para a Gueixa, antes a indecisão do que a decisão errada. Ela chega mais cedo às reuniões, confere se tem café e cópias do material para todos, e imediatamente se dispõe a fazer tudo o que ninguém mais quer fazer. Ela acha que as tarefas irão fazê-la progredir, mas a falta de habilidades decisivas emperra seu avanço. A Gueixa não é um jogador decisivo. Não se pode contar com ela em momentos de decisão.

Toda companhia tem sua cota de Gueixas. Normalmente, elas são grandes trabalhadoras e sabem o que deveria ser mudado, mas assumindo que para isso teriam de criticar o trabalho de alguém, elas se recolhem caladas e esperam que outra pessoa perceba a situação.

Tenho visto muitas Gueixas em ambientes de trabalho. Independentemente do ramo, elas estão em quase toda reunião decisória. Elas são aquelas que fazem você pensar: "O que elas estão fazendo aqui?". Lembro-me de uma gueixa em particular que participou comigo de um comitê de políticas antirraciais de moradia. Ela ficava calada observando todos debaterem. Depois das reuniões, eu pensava comigo que ela era um desperdício de espaço no comitê. Quando pediam sua opinião, ela regurgitava tudo o que os outros já haviam dito e abria um sorriso. Ela parecia a estenógrafa secreta do comitê. Ela apenas repetia tudo o que os outros diziam.

As pessoas sorriam quando a Gueixa falava, sabendo que ela se esquivaria gentilmente de emitir qualquer opinião e tentaria desviar a discussão para a opinião de algum outro. As pessoas questionavam à boca pequena o que ela estava fazendo no comitê. A Gueixa não acrescentava absolutamente nada nas discussões. Lembro-me de certa vez o presidente da reunião ter dito para ela: "Sabemos o que os outros disseram. Agora quero saber o que você pensa". Ela sorriu timidamente e disse que precisava de mais tempo para pensar. Ela não tinha nenhuma credibilidade com os outros membros do comitê e acabaram pedindo a ela para renunciar.

Você pode estar usando a máscara de Gueixa caso:

- saiba que algo deve ser mudado, mas tem medo de dizer.
- procure o que poderia fazer pelos outros.
- espere que os outros te peçam para fazer coisas.
- não emita opinião sobre nada com medo de ofender.
- passe as reuniões apenas observando e não externa opinião nem preferência por nada.
- seja insegura sobre o que apresentar em reuniões.

PERVERTIDA

Pervertida é uma máscara que é ou usada sempre ou raramente. A máscara de Pervertida é aquela que a mulher usa quando tenta ganhar poder sobre um parceiro nos negócios recorrendo à sexualidade. Essa é uma das máscaras mais tóxicas que uma mulher pode usar. O papel de Pervertida normalmente é acompanhado de roupas eróticas, insinuações, piadas maliciosas, conversas sobre a vida sexual, ou liberdades para colegas homens.

É comum ver uma máscara de Pervertida na festa de Natal da companhia, quando a mulher tomou uns drinques a mais e está sendo mais amigável do que o normal. Momentos de indiscrição durante uma festa ou ao tomar uns drinques com os colegas farão a mulher ser marcada para sempre no escritório.

A regra para os homens são três drinques num espaço de 24 horas em um ambiente profissional. Além dos homens em geral não quebrarem essa regra, aqueles que buscam seriamente conquistar uma boa reputação, e consequentemente bons negócios, garantirão que nunca serão vistos sob luzes impróprias em ambientes profissionais. Quando a máscara Pervertida é colocada, ela nunca mais será substituída por nenhuma outra. A reputação profissional será construída à luz da reputação pessoal conquistada em momentos de fraqueza.

Um fato que ocorreu com uma colega minha é um bom exemplo da toxidade da máscara Pervertida. Ela era uma excepcional diretora-executiva e constantemente falava em conferências sobre sua capacidade de alavancar ativos que outros acreditavam ser impossível.

Durante uma conferência nos Estados Unidos, ela levantou um velho *slogan* de viajantes – "O que acontece na estrada fica na estrada" – e agiu de forma extremamente inapropriada diante pessoas que a conheciam profissionalmente.

Em um *pub*, ela ficou bêbada, sentou-se no colo de outro proeminente diretor e disse que sentia forte atração por ele. Ela fez isso na frente de 12 outros colegas. Depois de esse cavalheiro se esquivar educadamente de seus avanços, ela foi ao bar, pegou um estranho e subiu com ele para o quarto.

Na noite seguinte, depois de outras doses de coragem, a diretora-executiva se aproximou do cavalheiro com o qual havia passado a noite anterior e, depois de ele desprezá-la, ela pegou um amigo dele e subiu.

As duas situações aconteceram na frente de seus novos e velhos amigos. Na terceira noite, ela vestiu calça e apenas um sutiã. A diretora-executiva estava tentando ser atraente, mas só conseguiu escárnio e aversão daqueles que a conheciam. Eu não estava nessa conferência, mas os gerentes que encontrei nas semanas seguintes logo contavam o que tinham testemunhado e como ela foi uma vergonha tanto para ela mesma como para toda a delegação da Costa Oeste.

Dizer que ela durou pouco nesse mercado é ser generoso. Ela cometeu suicídio profissional. Após ter sido afastada de seu emprego, ela teve poucas oportunidades e acabou sendo forçada a deixar a província. Ela foi do topo da sua atividade para o fundo do poço em questão de três dias. Sexo não combina com respeito profissional.

Outro exemplo de exploração de sexualidade pôde ser vista na série televisiva *O Aprendiz* americano. Os homens e as mulheres foram separados em duas equipes para vender limonada. A equipe que vendesse mais limonada ganhava. Os homens tentaram atrair a atenção oferecendo a limonada junto com grandes ofertas. As mulheres, por seu lado, amarraram suas camisetas acima da barriga e ofereciam a limonada mais um beijo por US$ 5. As mulheres eram muito atraentes e ganharam a disputa, mas Donald Trump e seus assessores ficaram visivelmente enojados com o comportamento delas, que demonstrou falta de talento, pouco raciocínio e explorou o estereótipo de mulheres bonitas nos negócios.

Se você conta com sua sexualidade para avançar nos negócios, não importa quão atraente seja, você vai simplesmente ficar sem recursos e corre o risco de ter de mudar de cidade. Mulheres que usam a máscara Pervertida enojam as mulheres a seu redor e são vistas pelos homens que trabalham com elas como muito perigosas.

Você pode estar usando a máscara de Pervertida se:

- gosta de usar decotes provocantes.
- gosta que reparem quando usa saia curta.
- acha que é normal se liberar em festas da companhia quando todos estão bebendo.
- usa a sexualidade para conseguir o que quer em ambientes profissionais.
- costuma se insinuar sexualmente para ganhar a atenção profissional de colegas masculinos.
- acha que é aceitável contar piadas picantes em ambientes de trabalho.
- pensa que o flerte é uma ferramenta que você pode usar para conseguir o que quer.

HOMEM

A máscara de Homem é a mais fácil de o homem perceber que a mulher está usando. Os homens sempre prestam atenção para ver se uma mulher é autêntica ou se está desempenhando um papel. Diria que cerca de 20% das mulheres que conheço nos negócios em certo momento colocam a máscara de Homem. Mulheres que falam de coisas sobre as quais, constato, não sabem nada a respeito e têm pouca credibilidade. Vou dar um exemplo do uso da máscara de Homem que colhi por experiência pessoal.

Essa mulher era uma colega que faz serviços de informação para pequenos negócios. Estávamos nas finais do campeonato de hóquei no gelo, e ela disse para mim: "As finais estão realmente emocionantes este ano, não estão?".

Eu parei e pensei: "Ela está procurando algo para conversar comigo ou ela realmente gosta de hóquei?". Então eu a testei perguntando: "Você é uma fã de hóquei?".

Ela replicou: "Sou uma grande fã. Adoro hóquei. Assisto o tempo todo".

Na mente de um Homem Alfa, ou ela agora cavou sua própria cova ou ela é a autêntica. Quis testar se ela estava desempenhando um papel, o que acabaria com sua credibilidade comigo, ou se ela era a coisa certa e eu então eu me engajaria em uma conversa com ela.

Eu: "Para você, onde está a força do Canucks[3]?"

Ela: "Acho que eles têm realmente um bom time."

Eu: "Qual é o seu jogador favorito?"

Ela: "Eu gosto muito do Mark Messier." (Como sei que Messier não joga no Canucks, mas nos Rangers[4], faço a pergunta para confirmar a máscara.)

Eu: "Você acha que ele pode dar o campeonato para os Canucks?"

Ela: "Não me surpreenderia".

Bum! Na mosca. Ela acabou de autodestruir-se na minha frente, e ela só vai saber disso depois de descobrir que Messier não é dos Canucks. A partir daí, desinteressei-me pela conversa.

Lembre-se, não tente enrolar um enrolador.

Ela cometeu suicídio profissional comigo. Para voltar a ter alguma credibilidade comigo, ela terá um longo caminho apenas para retornar ao centro.

Existem muitos autores retrógrados e conselheiros de mulheres que pensam que as mulheres têm de aprender a jogar golfe, sair para tomar uns drinques em clubes, ou conversar sobre esportes a fim de entrar no clube do bolinha. Nada está mais longe da verdade.

As pessoas que são convidadas para o jogo são aquelas que trazem algo à mesa. Se você não é autêntica, não dá para confiar em você. Pessoas que buscam

---

3   Time de hóquei de Vancouver
4   Time de hóquei de Nova York

ser autênticas vão procurar parceria com pessoas que também valorizam a integridade e a autenticidade. As mulheres não têm de se tornar homens para ter sucesso. Na verdade, elas deviam orgulhar-se de ter muitas habilidades que os homens tentam aprender.

Autenticidade é a base do novo paradigma dos negócios. Vestir a máscara de Homem é perigoso porque a mulher acaba se tornando assunto de conversa entre os homens. Ficamos muito atentos às mulheres que pensam que para competir elas têm de ser como os homens. Mulheres que colocam a máscara de Homem se enterram com os homens no ambiente de trabalho.

Você tem de assumir o que você fala. Os homens expõem uns aos outros quando são pegos falando besteira, mas não expomos as mulheres. Apenas anotamos mentalmente e desconsideramos tudo o mais que ela tem a dizer.

Você pode estar usando uma máscara de Homem se:

- fala de coisas que não são do seu interesse, mas que você acredita que os homens vão querer conversar a respeito.

- conversa sobre esportes, mas não assiste a eles na tevê.

- tenta entrar no clube do bolinha participando de atividades estereotipadamente masculinas.

- tenta imitar seus colegas masculinos de forma que a faz parecer falsa.

MÃE

De todas as máscaras que as mulheres usam, a de Mãe é a favorita. A Mãe é a pessoa que traz biscoitos para o trabalho, dá conselhos sobre relacionamento, dá analgésico para a pessoa com dor de cabeça e limpa a mesa do café para todos. A Mãe lembra o aniversário dos colegas, planeja as atividades recreativas da companhia e arruma desculpas para as pessoas que não se saem bem. Quando alguém tem de pôr a mão na lama, é para a Mãe que os homens se voltam. A Mãe nunca é levada a sério e é vista em um dia como abençoada e no outro como um salário desperdiçado. O que ela alcançaria se dedicasse ao seu trabalho o mesmo tempo que gasta tentando cuidar de todos?

A maioria das mulheres tem uma predisposição para a máscara de Mãe porque elas são naturalmente atenciosas e preocupadas com o bem-estar do grupo. Frequentemente, ajudo clientes a superarem a necessidade de cuidados maternos profissionais — eu incluso.

Uma cliente e eu estávamos almoçando na parte externa de um restaurante na primavera, e eu disse para ela: "Meu Deus, estou com frio". Ela imediatamente chamou o atendente e pediu para que nos mudasse para a parte interna. Minutos depois, comentei: "Não sei onde foi parar meu guardanapo". Ela se levantou e me trouxe outro. Aí, eu falei: "Estou com sede. Queria que o atendente trouxesse mais água". Ela jogou metade da água do copo dela no meu. Eu olhei para ela e sorri.

Ela disparou um olhar ameaçador e disse: "Vá para o inferno! Você está me testando?". Eu sorri. Esse foi o quarto encontro consecutivo em que ela ten-tou resolver imediatamente qualquer problema que eu levantava. A Mãe nunca é vista como uma pessoa de negócios séria porque o Alfa considera que sua necessidade de ajudar a todos compromete sua capacidade de ser objetiva em ambientes de negócios.

Existe uma diferença entre ser atencioso e consciente das necessidades dos outros e tentar cuidar de tudo para todos. O Homem Alfa aprecia a Mãe, mas não a respeita. Se estou com um colega homem e ele disser que está com frio, eu replicaria: "Você devia ter trazido uma jaqueta". Se ele disser que quer mais água, eu aconselharia: "Acene para o garçom e peça para ele trazer". Eu não faria isso por algumas razões:

- Assumo que os adultos podem cuidar deles mesmos.
- Se eu fizer para eles, vou demonstrar que os considero incapazes.
- Se eles não conseguem cuidar deles mesmos, definitivamente não quero fazer negócios com eles.

Você pode estar usando a máscara de Mãe se:

1. está sempre providenciando os remédios que pode compartilhar com as pessoas.
2. tem lenços de papel em sua mesa para qualquer necessidade.
3. anota a data do aniversário de seus colegas e de aniversários na família deles.
4. é responsável por organizar festas-surpresa.
5. acha que sempre há um bom motivo para levar petiscos para o escritório.

AS CONSEQUÊNCIAS DO USO DAS MÁSCARAS

O uso de máscaras traz consequências inesperadas. Os homens raramente falam sobre as máscaras na presença das mulheres, a não ser quando estamos sozinhos. Listamos as máscaras que as mulheres com as quais convivemos profissionalmente usam, caso usem. Quando fazemos a lista, falamos sobre a falta de autenticidade e que não se pode confiar em mulheres que assumem papéis porque você nunca sabe com que máscara ela vai aparecer em uma reunião. Elas não são dignas de confiança, e nós, como homens, não sabemos o que esperar de uma mulher que desempenha um papel.

Temos dar uma má impressão se mantivermos na companhia uma pessoa que usa máscara – pode parecer que não temos o controle, que andamos em má companhia, que endossamos perdedores, ou que forçamos, ou que, ainda, justificamos o uso da máscara. Lembro-me de certa vez ter mandado uma fornecedora voltar para casa porque seu vestido não era apropriado para a apresentação que iríamos realizar.

No mundo do Homem Alfa, mulheres e pessoas em geral que assumem papéis que não correspondem à sua realidade são uma completa perda de tempo e de recursos. Quando vejo uma pessoa que conheço colocar a máscara, fico desapontado. Quando ocorre com alguém que não conheço, tomo na hora a decisão consciente de não levá-la a sério. Quero fazer negócios com pessoas verdadeiras para saber até que ponto posso ir com elas. Se tenho de fazer supo-sições, prefiro não jogar.

Máscaras são apropriadas para o carnaval ou para peças teatrais, não para reunes importantes.

7

Calma Mortal: Apresentando Ideias Em Forma De Perguntas

Você já...

1. tentou construir consenso pegando uma de suas ideias e dizendo que ela foi desenvolvida por toda a equipe?
2. perguntou se algo era uma boa ideia mesmo sabendo que era?
3. teve uma ideia derrubada por alguém que não conhecia todos os detalhes?

Faça este rápido teste para saber se você alguma vez abriu mão de seu poder por apresentar suas grandes ideias em forma de perguntas e um Homem Alfa as rechaçou:

Qual era sua ideia	Como você a apresentou
Mudar para um novo mercado para aproveitar uma oportunidade.	"O que vocês acham de abrir um escritório em São Francisco?"
Contratar mais funcionários para que o pessoal de vendas tenha mais tempo para fechar negócios.	"Seria um boa ideia trazer reforço para a equipe de vendas?"

Ir atrás de um importante cliente do competidor porque você ouviu que ele estava descontente.

Cortar custos para tornar um departamento lucrativo no curto prazo até que comece a entrar receita.

Se tivermos uma suíte reservada em um hotel poderemos atrair mais clientes para a companhia.

Você tem dados comprovando que existe um nicho de mercado que pode ser lucrativamente explorado.

"Vocês acham que deveríamos fazer um esforço para pegar o cliente de telefonia deles?"

"Vocês acham que o departamento pode ser mais lucrativo se fizermos alguns cortes?"

"Vocês acham que se reservássemos uma suíte em um hotel conseguiríamos mais clientes?"

"Vale a pena explorar o mercado italiano em Nova York? Pode haver alguma oportunidade lá."

Isso é um tesouro que a maioria das mulheres guarda dentro de si. Elas não percebem quão frequentemente elas oferecem ideias em forma de perguntas. As mulheres são formadoras de consenso por natureza e normalmente estão preocupadas e concentradas em conseguir o apoio do grupo. Isso significa força nos negócios. Mas, quando as mulheres formulam ideias em forma de perguntas, os homens entendem que elas estão sondando uma ideia e assumem que elas não se prepararam adequadamente para a reunião – e vão rechaçar a proposta.

Considere como você compartilha suas ideias. Não pergunte: "Vocês acham que a fusão é uma boa ideia?". Em vez disso, diga: "Acho que a fusão é uma boa ideia porque vai aumentar a rentabilidade, estabilizar nosso mercado e cortar custos". Dessa forma, você apresentou e respaldou com argumentos sua opinião. Mesmo que seus colegas não concordem, você justificou seu ponto de vista. Isso permitirá abrir a discussão e você se consolidará como uma pessoa de sólidos pontos de vista.

A seguir, quatro sugestões de como se preparar e se sentir confiante apresentando ideias.

FAÇA SUA PESQUISA

Quando você tem ideias que queira apresentar, o primeiro passo deve ser ra-ciocinar por que você está se posicionando sobre a questão. Ninguém gosta de pessoas que apenas jogam ideias, a menos que seja uma sessão de "tempestade cerebral". Uma forma fácil de perder credibilidade é oferecendo ideias que não foram bem pensadas.

Poucas semanas antes das eleições federais no Canadá, eu tive um jantar com uma amiga e perguntei em quem ela ia votar. Ela falou o nome do partido, e quando perguntei por que o tinha escolhido, ela disse que gostava do que eles falavam. Quando a pressionei por maiores motivos, ela fugiu da pergunta porque não tinha lido qualquer proposta política deles, apenas tinha ouvido pessoas de que ela gostava falando que votariam neles.

A melhor maneira de ter credibilidade em qualquer discussão é expres--sando ideias pesadas com paixão e conhecimento. As pessoas podem discordar, mas eles vão te respeitar por ter a capacidade de ser concisa e convicta em suas crenças.

ARRISQUE

Algumas vezes você se vê forçado a mudar de opinião quando surgem mais informações. Tomamos decisões com base em nossas experiências, e já vivi situações em que fui muito passional sobre algo e no fim eu estava errado. Não existe glória nenhuma em ficar sentado em cima do muro esperando pelo momento ideal para definir uma posição. Algumas vezes você tem de avaliar a situação, desenvolver uma ideia e apresentá-la. Você pode estar certa como pode estar errada, mas, no fim, você teve iniciativa e todos irão apreciá-la por isso.

ABRA-SE PARA O CONFLITO DE CRIATIVIDADE

Toda vez que você apresenta uma ideia haverá aqueles que a amarão e aqueles que a odiarão. Isso é natural. Por experiência própria, as opiniões sempre se dividem igualmente. Quando profissionais discordam respeitosamente, na maioria das vezes surgem soluções do mais alto nível da discussão. Não evite discussão. Veja-a como um instrumento para o desenvolvimento de propostas.

No fim você pode até não conseguir chegar a um acordo. O importante quando se oferece uma ideia é garantir que as pessoas ouçam o que você está falando e que você ouça os comentários delas. Em negócios, é normal o profissional se preocupar com o que vai dizer a seguir durante uma discussão, mas muitos acabam não ouvindo o que as pessoas estão dizendo. Procure primeiro entender para depois tentar ser entendido. Se você resiste a ideias contrárias se fechando para elas, você está prestando um grande desserviço a você mesma.

TENHA CONFIANÇA QUANDO EXPUSER SUAS IDEIAS

A timidez roubará sua chance de ser ouvida. Lembre-se de que a confiança é atrativa, e se você está fazendo as coisas direito e levando os negócios para novos patamares, haverá pessoas que discordarão de você por não gostarem de mudanças.

Imagine se Cristóvão Colombo tivesse dito: "Fico imaginando se alguém mais pensa que a Terra poderia não ser plana? Você acha que ela pode ser redonda?". Mas ele disse: "A Terra é redonda, e vou sair para provar. Quem vai se unir a mim?". Ele teve o mesmo número de críticos e de partidários, mas acabou sendo lembrado como um visionário e um explorador determinado. Para ser bem-sucedido, você vai ter de remar duro, escalar e descer a onda.

8

Atolado: Arrumando Desculpas

Você já fez algo que deu errado e tentou avaliar com os outros o motivo do fra-casso? Já sentiu que devia a alguém explicação sobre o que aconteceu? Quando você apresenta uma desculpa, você basicamente se abre ao julgamento daquela pessoa a quem você ofereceu a desculpa. Caberá a ela julgar se seus motivos são aceitáveis.

Os homens se olham ironicamente quando mulheres se desfazem em desculpas por algo que ocorreu. Por sermos motivados pelos objetivos, não nos importa o que obstruiu o caminho do objetivo. Ou você fez algo ou não fez. Não queremos saber por que não aconteceu; estamos interessados em saber quando vai acontecer e como você vai fazer acontecer. Deixe-me oferecê-la as "Notas do Chris" sobre desculpas.

NINGUÉM SE IMPORTA

Quando você dá uma desculpa, você pensa que está oferecendo uma explicação, o que significa estar discutindo o processo, o que não nos interessa. Parece, então, que você está disposta a desperdiçar mais tempo tentando explicar por que você não foi capaz de fazer algo. Em vez de ficar perdendo tempo com desculpas, procure uma forma de fazer e faça. Desculpas são apenas mais uma maneira de perder tempo.

ABRINDO MÃO DE SUA FORÇA

Quando você apresenta uma desculpa, você se abre a críticas. A desculpa é analisada por todos que a ouvem, e eles determinam se seus motivos são razoáveis. Isso mina totalmente seu poder como uma profissional porque você está permitindo que outros julguem suas ações. Não importa o que eles pensam. Deixe-me ilustrar essa questão com um exemplo.

Stacy estava atrasada para uma importante reunião devido a um imprevisto problema familiar. Ele chegou à reunião com 15 minutos de atraso, e o presidente teve de reorganizar a agenda em vista do seu atraso. Ela é uma das três mulheres em um conselho de 15 pessoas. Foi assim que ela tratou a situação quando entrou na sala:

"Olá, todos! Sinto muito, estou atrasada. Minha filha ficou doente esta noite e a escola dela não recebe crianças que não estão bem, então tive de arrumar alguém para cuidar dela. Quando consegui pegar um táxi, já eram 9 horas. Sinto muito".

Quando Stacy apresentou seus argumentos, as mulheres do grupo assentiram com a cabeça. Elas entenderam os desafios de se equilibrar a vida familiar com a profissional. Os homens, por outro lado, pensavam:

- "Por que você está gastando mais tempo com explicações idiotas?"
- "Problema seu. Problema seu. Problema seu. Apenas sente-se para que possamos continuar."
- "Não podemos confiar responsabilidades a Stacy, ela vai deixar a peteca cair se sua filha ficar doente!"
- "Por que você já não tinha um esquema montado antes de precisar de ajuda?"
- "Podemos continuar?"
- "Patético."

Stacy se abriu para as críticas sobre sua capacidade, ou falta dela, de administrar sua vida pessoal e sua vida profissional. Ela pensa que deu as informações necessárias para as pessoas entenderem seus desafios, mas o que ela realmente fez foi dar apenas informação suficiente para elas julgarem suas ações. Stacy abriu mão de sua força perante a sala.

Isso é o que Stacy deveria ter dito para admitir que não correspondeu às expectativas da equipe e ao mesmo tempo manter sua força. "Gostaria de me desculpar pelo atraso. Prezo fazer parte deste conselho, e farei tudo para garantir que isso não ocorra novamente".

Tratando a situação desta forma, ela reconhece que não atendeu às expectativas e adianta que vai tomar providências para que o fato não se repita. Feito! Nada foi dito sobre o que aconteceu, por que aconteceu etc. Nada disso interessa para os caras.

Se existe um cara no grupo que está querendo enterrá-la, ele vai tentar fazê-la cair em desculpas perguntando: "O que aconteceu?". Ou dizendo: "Espero que esteja tudo bem com você". Nessa situação, a melhor saída é dizer que você teve um problema pessoal. Isso o fará calar e todos poderão voltar aos negócios. Não morda a isca! Você não tem de se desculpar com ninguém.

Minha esposa, Jacqui, é uma mulher de negócios muito poderosa, e eu costumava provocá-la sobre pedidos de desculpa. Eu jogava a isca para ver se ela se estendia em desculpas, mas ela era extremamente competente em me fazer calar.

Quando cursava direito, ela trabalhava com um professor que desenvolvia um projeto de pesquisa nas Nações Unidas. Certa manhã, ela não se sentiu bem e disse que ia telefonar avisando que não iria trabalhar. Sugeri que ela não pedisse desculpas, apenas dissesse quando pretendia voltar. Ela me olhou irritada e disse: "Eu não peço desculpas!".

Sorri para ela e afirmei: "Vamos ver". Jacqui pegou o telefone determinada, ligou para o professor e disse: "Bom dia, Dr. Jones, aqui é a Jacqueline Flett, eu não posso ir esta manhã." Ela parou e olhou para mim. Tenho de admitir que fiquei um pouco balançado, e eu estava prestes a aplaudir quando ela continuou: "Não me senti bem toda a manhã. À noite comecei a me sentir mal, mas pensei que pela manhã eu estaria melhor, mas não melhorei".

Comecei a sorrir e fiz com a boca a palavra "Desculpa!". Ela me olhou fixamente e continuou a dar detalhes ao professor sobre seu mal-estar. De repente, ela ficou em silêncio por poucos segundos e então disse: "Terça-feira às 11 horas". E desligou. Perguntei o que ele tinha dito e ela contou: "Tudo que ele queria saber era quando eu ia voltar". Eu ri e disse: "Bom pedido de desculpas". Ela replicou: "Eu não estava pedindo desculpas, estava dando uma explicação".

As mulheres se comunicam muito melhor do que os homens e adoram colorir suas histórias com detalhes. O problema aqui é que as mulheres compartilham ideias que são centradas no processo, não no objetivo. Tudo que o professor de Jacqui queria saber era quando ela ia aparecer (objetivo). Como regra geral, quando você falar com uma mulher acrescente o tempero, mas dê aos homens as informações em formato relacionado ao objetivo. Isto é o que a Jacqui poderia ter dito para encurtar a conversa com o professor e agradá-lo melhor: "Oi, Dr. Jones, não posso ir hoje, mas irei na terça de manhã. A gente se vê". Isso é tudo o que ele queria saber.

BUSCANDO APROVAÇÃO

Quando você apresenta desculpas, o que você está realmente procurando é aprovação para a sua situação. Quando você busca aprovação, você abre mão da sua força. Não faça isso. Não importa o que os outros pensam. Sei que é difícil ouvir e acreditar, mas, no fim das contas, se você está fazendo seu melhor, isso é tudo o que você pode oferecer. Não importa se eles pensam que as suas razões para não fazer algo são boas ou não. Ou você fez algo ou não fez.

Se você fez, ótimo. Se você não fez, o que fará a respeito? Não seja um cachorrinho implorando por um afago. Você é uma mulher orgulhosa, poderosa. Assuma esse papel e aja como tal. Você não precisa justificar sua vida para ninguém. Toda vez que você busca aprovação para sua desculpa, você está procurando aquele afago, e todo homem sabe disso. Você está assumindo o papel de "vadia" (submissa) para os homens mais fortes. Não assuma esse papel.

9

Andando Na Prancha: Declarando Guerra Aberta

Você já...

1. se envolveu em uma briga com um colega no trabalho?
2. sentiu-se prejudicada no trabalho e decidiu fazer com que todos soubessem da injustiça?
3. denunciou algo que alguém fez e você não concordou?
4. disse a alguém que ele estava errado na frente de colegas, chefes ou clientes?

Uma das coisas que mais evidencia a diferença entre homens e mulheres no trabalho é a forma como eles vão à guerra. As mulheres preparam os canhões, traçam um plano de vingança e vão para os colchões (se você não conhece essa expressão, alugue O Poderoso Chefão[5]).

Os homens, por outro lado, atacam como tubarões. Você não os vê chegando; você não pode rastreá-los nem sabe quando esperá-los. Eles simplesmente aparecem do nada, e depois resta a você juntar os pedaços. Quando atacamos, não queremos que ninguém veja nem seja capaz de rastrear de volta até nós. Já as mulheres se levantam e esfaqueiam o inimigo na frente e nas costas. Os homens que presenciam a cena apenas recuam boquiabertos. Existem três coisas que os homens observam quando veem

---

5 Quando, em guerra de clãs da máfia, uma família dormia junta em um mesmo cômodo, em "colchões".

mulheres entrando em conflito com colegas no local de trabalho. Eis um de meus exemplos favoritos:

Trabalhei com duas mulheres em uma empresa de utilidade pública assim que saí da faculdade. Uma se chamava Debbie e a outra, Beth. Elas eram unha e carne. Uma trabalhava no departamento de *marketing* e a outra, no departamento de marcas. Elas eram as melhores amigas. Uma trazia a geleia, a outra o pão. Uma trazia a salada, a outra o molho. Elas almoçavam juntas todos os dias e papeavam sobre a vida. Um dia eu estava na fotocopiadora e a Debbie veio até mim. Ela disse: "Você conhece a Beth?". Respondi "Sim" (claro que eu a conhecia – elas viviam coladas). Ela então continuou: "É, bem a Beth é uma verdadeira prostituta. Ela dormiu com o cara da fotocopiadora!". Eu a olhei nos olhos, peguei minha fotocópia e voltei para o meu cubículo. Inacreditável! Quem fala esse tipo de coisa para um colega de trabalho, especialmente para um Homem Alfa? Mais tarde, naquele mesmo dia, foi a Beth que veio até mim e disse: "Você sabe a Debbie? Ela é uma mãe horrorosa. Ela costumava ir a festas comigo nos fins de semana e deixava os filhos com a mãe dela. Que vagabunda!". É engraçado. As saídas da Debbie não eram motivo de comentários até elas brigarem. Essas duas profissionais saíram pelos departamentos se esculachando mutuamente. Na verdade, o que elas tentavam fazer é armar um time para jogar contra a outra.

Eu as ouvia dizer: "Foi isso o que aconteceu, você acha que estou exagerando?". Se a pessoa respondesse "Não", então a garota anotava essa pessoa como parte do seu time. Se a pessoa achava que ela estava exagerando, ela dizia: "Você não sabe, você não estava lá!". Então, seguia adiante e eliminava a pessoa de sua lista de alianças. O que as duas conseguiram foi fazer com que todos os Homens Alfa deixassem de confiar nelas, por temerem que elas abrissem o bico se um dia se voltassem contra eles.

A seguir, algumas das principais coisas que testemunhei e das quais os homens falam quando mulheres se enfrentam ou mesmo quando tentam destruir um cara.

MULHERES SE MOSTRAM VINGATIVAS QUANDO HÁ QUEBRA DE CONFIANÇA

Quando as mulheres saem à caça de alguém, elas o fazem com força total: a todo vapor, passionais, levando totalmente para o lado pessoal e pulando na jugular. Em inúmeros casos, as mulheres se queimam tentando eliminar a pessoa que elas julgam foi injusta com elas. Cegas pelo ódio, elas esquecem que agem quase como um *kamikaze*. As mulheres esquecem do ambiente em que estão; e, se lembram, não se importam. Elas parecem um pit bull no momento do ataque.

Homens dizem que está havendo um briga de gato, ou que "penas estão voando". É uma maneira triste de as mulheres renunciarem a seu poder. Isso é quase sempre motivado pelo que é entendido como uma quebra de confiança entre a mulher e um colega de trabalho.

MINANDO A CONFIANÇA NO QUE FOI COMPARTILHADO (CONTANDO SEGREDOS)

Uma vez que o ataque é lançado, a mulher na ofensiva sai então em busca de apoio. Ela começa com aqueles mais propensos a concordar com seus atos. Mesmo que os homens aquiesçam com a cabeça, no fundo estão pensando: "Essa garota é uma doida!".

Você a ouvirá dizer coisas do tipo:

- "O que eu podia fazer?, ele roubou minha ideia!"
- "Não fui eu quem começou! Ela deu o primeiro soco!"
- "Cheguei ao meu limite! O que você teria feito?"
- "Ninguém deixaria de fazer o mesmo que eu fiz!"
- "É isso que ele ganha por cruzar o meu caminho!"
- "Eu avisei a ele que ele estava me cutucando!"

Depois do ataque, todos procuram sair do seu caminho. Não é por medo, mas por não quererem ter nada a ver com ela. Sem sabê-lo, ela acabou se exco-mungando com o grupo. E isso será algo muito difícil de superar, principalmente porque ninguém vai dizer a ela que ela foi chutada para fora do grupo.

MINANDO A CONFIANÇA NO QUE FOI COMPARTILHADO (CONTANDO SEGREDOS)

Essa é mortal. Quando uma mulher é desprezada e se dispõe a pular na garganta de alguém, ela começa a destilar seu fel contando todos os segredos que sabe sobre aquela pessoa. Ela tira as luvas e joga a discrição pela janela. Tudo que foi dito em confiança é agora uma arma justa para tentar destruir a reputação da outra.

A forma mais rápida de minar sua integridade e renunciar ao seu poder é declarando guerra aberta contra um colega de trabalho. Você vira um *show*, você dá a todos os que te rodeiam um bom motivo para se livrar de você, e você demonstra não ter qualquer controle sobre suas emoções. Se houver motivo para atacar, faça isso discretamente, não deixe rastro nem os deixe perceber que você está se aproximando.

10
Cuidado Com suas Palavras: não Mantendo Segredos

Você já...

1. deu a palavra que manteria um segredo, mas então contou para alguém em quem você confia no trabalho?

2. soube de um segredo de trabalho e contou para sua esposa ou familiares?

3. falou sobre questões confidenciais quando saiu de um emprego?

4. falou sobre a política entre duas ou mais pessoas no trabalho?

5. falou sobre uma situação desconfortável que presenciou no trabalho?

6. contou uma fofoca apimentada que ouviu de segunda mão que era divertida?

7. contou para colegas de trabalho ou em um ambiente de negócios uma fofoca que ouviu sobre outra companhia?

Os homens assumem que não devem dizer às mulheres aquilo que não querem que o mundo inteiro saiba. Já vimos fofoca se espalhar como fogo em campo seco e testemunhamos suas consequências. Quando conheço uma mulher, ela já vem para mim com a configuração padrão de que não se pode confiar um segredo a ela, e então começa daí a conquista da minha confiança. Os homens, por outro lado, começam com total confiança, e então podem perdê-la com severas consequências.

Sei que muitas pessoas devem estar incomodadas com minhas palavras, pensando que estou fazendo uma generalização super sexista, mas, quantos de nós não testemunhamos mulheres contando histórias que elas definitivamente não deveriam compartilhar com os outros? Os homens fazem fofocas? Sim. Fazemos fofocas sobre coisas importantes? Não. Mulheres usam a informação, e especialmente informação privilegiada, como uma moeda de troca para criar intimidade com outra mulher. "Eu não devia te contar isso, mas sei que você vai guardar segredo". Você já murmurou essa declaração? Você começou a usá-la no segundo grau e nunca mais parou. Sei o que muitas de vocês estão pensando: nunca conversei no trabalho sobre pessoas de lá. Tudo bem, mas você conta o que está acontecendo para seu marido ou para familiares? Homens chamam isso de fofoca ponte. É plausível que os homens contem para suas mulheres o que está se passando nos negócios, mas sempre é dito em segredo. Compartilho coisas com Jacqui com o entendimento de que ela é a única que sabe e que haverá consequências se ela abrir o bico com outros. Dito isso, ela não ouve as questões sensíveis porque não existe razão para ela saber, e homens, ao contrário das mulheres, não ficam excitados quando sabem de um segredo. É mais um peso para nós. Sei através de amigas quem está dormindo com quem na empresa delas, em que novos projetos estão trabalhando, quem está sendo demitido e quem está sendo bem cotado no mercado. Posso não fazer parte da empresa, mas conheço pessoas da empresa, e agora disponho de informações que deveriam ser secretas para mim. Como um promotor de amizades, provavelmente funciona bem. Como eliminador de credibilidade, provavelmente funciona muito melhor. Essa é uma via rápida para uma mulher ser enterrada por um Homem Alfa.

Homens têm um código que mulheres já ouviram falar, mas não entendem plenamente. O código inclui coisas como você não falar com desrespeito sobre a família de outro sujeito, não ir para a cama com a irmã dele ou com qualquer menina que já foi namorada dele e, acima de tudo, não delatar ninguém. Existem dois tipos de presos que ficam sob proteção especial: pedófilos e delatores. Aos olhos dos Homens Alfa, os dois são quase a mesma coisa. Sei que é algo polêmico de se dizer, mas homens têm de ser capazes de confiar uns nos outros para que as coisas possam ser feitas. Se alguém me der a palavra que vai manter algo em segredo e não mantém, quero sangue. Quero puni-lo tão severamente que ele vai assumir que Deus o está esmagando com a mão. Sei que é cruel, mas um homem vale tanto quanto sua palavra. E, se ele não apenas quebra sua palavra comigo, mas passa informação sensível minha para outros, eu tenho de me vingar. Espero que ele mantenha minha confiança; assim como espero que as mulheres digam tudo o que conversamos para suas amigas, irmãs, colegas de trabalho, maridos, e para qualquer um que possa achar interessante.

Homens Alfa montam armadilhas para ver se podem confiar em uma mulher. Chamamos de "balão de ensaio" quando contamos a uma mulher uma história totalmente falsa e pedimos a ela para guardar segredo. Então, esperamos para ver se vamos ouvir fragmentos da história voltando para nós. Normalmente, trata-se de algo que posso facilmente provar que é mentira; desacreditando, assim, a pessoa que contou a história, e não a mim. A mulher não pode voltar para mim e me mandar para o inferno porque ela sabia que era segredo, que se enforcou com a corda que dei. Se ela guardar segredo, começo a contar meias-verdades. Ainda existe o suficiente nessas histórias para desacreditá-la diante de seus iguais. Quando falo com uma mulher e solto um balão de ensaio, deixo claro para ela que a informação não é de conhecimento público e que teremos uma vantagem competitiva mantendo-a conosco. Eis um exemplo:

Se estou fechando um grande negócio, posso dizer a ela que estamos perdendo dinheiro e considerando demitir algumas pessoas. Peço a ela para não falar para ninguém porque ainda tenho de tomar a decisão final. Já que está entrando um grande negócio, demissões são exatamente o oposto do que qualquer dono de um negócio faria, e estou bem posicionado caso ela traia minha confiança. Logo, espero para saber se ela é mais leal a mim ou às pessoas com quem trabalha. Se voltar para mim, eu desminto e ela vai ficar parecendo Henny Penny[66] dizendo que o céu vai desabar, e vou deixar que ela se enforque. Se ela vier me questionar sobre as mensagens contraditórias, vou apertá-la por ter compartilhado com outros o que contei a ela em confiança, e depois vou enterrá-la sob sete palmos. Se você me dá sua palavra e depois a quebra, as consequências serão duras.

Se em algumas das raras ocasiões eu digo algo a uma mulher e ela mantém o segredo, e então ela mantém a meia-verdade, vou começar a passar para ela pequenas verdades — nada mais comprometedor, mas coisas que não quero que todos saibam. Se ela também guardá-las, vou introduzi-la em meu círculo íntimo e falar abertamente com ela. Isso a coloca em forte posição porque ela começa a saber de tudo e pode ser perigosa se deixar o círculo.

Existem algumas questões-chave que é preciso lembrar quando se lida com informação:

---

6 Personagem de conto de Joseph jacob que, ao sentir algo caindo em sua cabeça, imagina que o céu está desabando e vai correndo contar ao rei.

1. A informação não é sua; é da pessoa que a passou. Mantenha-a com respeito.

2. Você quebrou sua palavra de manter segredo mesmo se você contar a alguém que nunca estará em contato com a situação.

3. Uma vez que você quebrou a confiança, todo homem ficará sabendo que não pode confiar em você, e eles vão procurar formas de enterrá-la para tirá-la do caminho no caso de você ter tido acesso a alguma informação privada deles.

4. Aquele que guarda segredos é a mais importante e poderosa pessoa em qualquer meio. Torne-se essa pessoa e você estará em posição de pedir favores no futuro.

5. Toda vez que você pensar em compartilhar um segredo, imagine permitir que alguém leia notícias sobre sua vida em voz alta na frente de seus colegas de trabalho. É isso que você está fazendo para alguém.

Existem algumas poucas exceções: no caso de estar em risco a integridade física de alguém ou se estão sendo cometidos crimes (pense na Enron). Não estou falando do caso de alguém ir perder o emprego ou não ser promovido. Estou falando de a pessoa estar correndo verdadeiro perigo. Apesar de ser delação, acho que você vai precisar conviver com isso e fazer o que é correto para você.

No ano passado, fui a um *pub* em Vancouver e vi a cabeleireira de Jacqui no balcão com um cara que não era o namorado dela. Conheço o namorado dela de festas e, quando a vi se aconchegando com outro cara, eu apenas passei por ela. Ela me chamou pelo nome, mas continuei andando. Eu não estava irritado porque ela estava traindo seu namorado; eu apenas não queria me envolver em uma situação que teria de manter em segredo. Jacqui esteve com ela algumas semanas depois, e a cabeleireira perguntou por que eu a havia ignorado. Jacqui perguntou o que acontecera e descobriu que ela havia brigado com o antigo namorado meses atrás e estava no bar com um novo namorado. Jacqui comentou com ela que, se era esse o caso, eu provavelmente quis evitar a situação para não me comprometer. Eu nunca nem tinha contado a história para a Jacqui porque eu não tinha nada com aquilo. Quando em dúvida, mantenha a boca fechada. Você não ganha nada tendo a língua solta, especialmente nos negócios. Lembre-se de que todos os Homens Alfa assumem que você vai dar com a língua nos dentes; e quando você prova que eles estão errados, você ganha um assento na primeira-classe no círculo íntimo de suas vidas de negócios. Se você contar nossas histórias, você vai encontrar dificuldades por todos os lados. Elas vão retornar para te morder.

11
À Deriva: Trazendo Problemas Pessoais para o Trabalho

Você já fez coisas do tipo no trabalho?

1. chegou cansada depois de uma noitada?
2. falou sobre uma doença na família?
3. discutiu um problema que está tendo em casa?
4. falou sobre um namorado ou marido e os problemas que vocês estão tendo?
5. falou sobre medos, inseguranças, coisas que aconteceram com você, sua história, sua infância etc?
6. contou com detalhes o que fez no fim de semana ou o que planeja fazer nas suas férias?

O local de trabalho é para trabalho. Não é um local para se buscar consolo ou apoio quando a vida está dura, e não é o lugar onde você compartilha partes da sua vida com colegas. Trata-se do ambiente em que você é pago para desenvolver, administrar ou criar algo. Mas como os profissionais estão dedicando cada vez mais tempo ao trabalho, a linha entre sua vida pessoal e a profissional ficou muito tênue.

Muitas pessoas veem muito mais seus colegas do que a família durante a semana. Considerando isso, é importante para você desenvolver dois lados:

o profissional e o pessoal. Esses dois lados não devem estar em conflito, mas também não devem dividir o mesmo espaço. Uma forma de se autossabotar com seus colegas homens é levando questões pessoais para o trabalho.

São quatro as principais consequências de se levar problemas para o trabalho: é falta de profissionalismo, atrai intrometidos, mina sua credibilidade em relação à capacidade de fazer o trabalho e causa desconforto em todos ao seu redor.

É FALTA DE PROFISSIONALISMO

Existe uma expectativa de profissionalismo quando você está em um ambiente de trabalho. Não compartilho a tradicional expectativa de como se deve agir nos negócios, mas minha regra é nunca perder a cabeça ou demonstrar emoção na frente daqueles que não são próximos. Penso que não é algo que os contatos profissionais devem conhecer. Quando estou no trabalho, estou concentrado no trabalho. Se acordei com o pé esquerdo, se fiquei acordado até altas horas na noite anterior, se estou estressado, guardo tudo para mim mesmo. Se você faz propaganda da sua vida pessoal, você se abre para julgamentos externos. Se você está brigando com seu marido, seus filhos foram expulsos da escola ou sua mãe está doente, toda essa informação é pessoal e deve ser mantida assim.

ATRAI INTROMETIDOS

"Em todo grupo empresarial" existem pessoas que buscam motivos para ajudar alguém. A maioria dessas pessoas tem boas intenções, mas outras procuram combustível para manter rodando o circulador de rumores. Ao revelar infor-mações pessoais, você também está convidando intrometidos para oferecerem as receitas deles de como você pode resolver seus problemas. Por que chegar aí? A menos que você esteja querendo atenção, não existe nenhum motivo para usar contatos pessoais para resolver problemas pessoais. Mantenha privada sua vida privada.

MINA SUA CREDIBILIDADE QUANTO À CAPACIDADE DE TRABALHO

Não importa se seus problemas pessoais estejam ou não afetando sua capacidade de trabalho, todos vão assumir que eles estão. Nos negócios, você quer fazer coi-sas que demonstrem sua força como profissional, e não apresentar os problemas que você enfrenta. Mais uma vez, compartilhar informação pessoal é destruir sua reputação. Você precisa manter no trabalho uma imagem de profissional, e não de alguém que gosta de passar o tempo papeando sobre coisas não relacio-nadas ao trabalho.

CAUSA DESCONFORTO NOS OUTROS

A última coisa que alguém quer ouvir no trabalho é como seu pai teve um ataque cardíaco, ou que seu casamento está naufragando, ou que você acha que seu filho está fumando maconha. Mesmo que algo esteja te moendo por dentro, mantenha-o privado. Quando você divide informação com outros, especialmente homens, o que lhes vêm à mente é: "E eu com isso?". Sei que pode parecer grosseiro, mas todos nós temos nossos próprios desafios. O que a faz pensar que nos importamos com o que está acontecendo com você? Importamo-nos com sua capacidade de cumprir suas responsabilidades para que ninguém tenha de cobri-la. Os homens são completos mentirosos quando mulheres falam dessas coisas. Deixe-me dar um exemplo:

Você: "Estou passando por um momento difícil. Meu pai teve recentemente um ataque cardíaco, e eu estou tentando ajudar minha mãe a tomar conta dele nos fins de semana".

Eu: "Que ruim. Você deve estar tendo muito trabalho. Espero que seu pai se recupere logo".

Mas o que eu realmente queria dizer era: "Dá para a gente falar sobre o projeto? Se você não pode concluir este projeto, diga-me e vou encontrar alguém que possa. Meu Deus, estou cansado de ouvir essa ladainha. Quando meu pai teve câncer, você não me viu saindo por aí em busca de consolo. Será que dá para a gente acabar com essa conversa e passar para os negócios?".

Eu não posso dizer o que penso porque eu seria chamado de monstro insensível. Mulheres deixam os homens desconfortáveis com essas conversas. Não nos importamos com sua vida pessoal, não nos importamos com seu pai e não nos importamos de verdade com o que vai acontecer.

A única coisa que nos importa é como sua vida pessoal afeta sua vida profissional e, consequentemente, como nos afeta. Sua vida pessoal é sua vida pessoal. Se por alguma razão você não pode trabalhar efetivamente devido a problemas pessoais, não venha trabalhar.

Vou contar um pequeno segredo: tem dia que nós homens não queremos sair da cama e sabemos que não conseguiremos encarar colegas, então armamos um teatro convincente. Em vez de darmos oportunidade para as pessoas investigarem e se intrometerem em nossas vidas, nós arrumamos uma gripe e tiramos alguns dias para controlar a situação. A capacidade de separar as duas vidas é um instrumento poderoso que os profissionais têm ao seu dispor. Uma capacidade que se transforma em um mecanismo de defesa. Lembro-me da primeira vez que meu pai foi diagnosticado com câncer. Foi duro para mim, mas não falei para ninguém. Existem poucas pessoas no meu círculo profissional que sabem algo sobre minha vida pessoal. Tenho de mantê-las separadas para preservar o que é bom nas duas.

12

Acenando e Afundando: A Busca de Afirmação nos Outros

Você já...

1. pediu *feedback* a um chefe Homem Alfa?

2. perguntou a um colega homem o que ele achou do seu trabalho?

3. pediu a um colega homem para dar uma olhada no seu trabalho para ver se você estava fazendo certo?

4. pediu um *feedback* objetivo sobre como você está se saindo?

A busca de afirmação com os outros é algo que todos experimentam nos negócios, mas os homens são mestres em dissimulá-la. Em poucas palavras, a busca de afirmação nos outros é a necessidade que você tem de uma opinião externa para dar crédito às suas ações. Quando homens veem mulheres buscando elogios, pensamos que a mulher é totalmente fraca e precisa de nossa orientação para se sentir melhor.

Homens buscam afirmação de forma diferente. Primeiro, comparamos nossa ação com a dos outros e determinamos onde estamos na ordem hierárquica. Então, se somos mais fortes do que os outros nos sentimos confiantes. Se claramente não somos, então buscamos uma área onde somos mais fortes do que todos e mantemos isso em mente. Temos uma atitude de "dane-se" em relação ao que os outros pensam de nós. É um elaborado estado de espírito que desenvolvemos para nos proteger de críticas. Parece que as mulheres não têm esse mecanismo de salvaguarda instalado e buscam afirmação nos outros.

O problema que a maioria dos homens tem com mulheres que buscam afirmação em nós é que, em nossa mente, se você é boa você não devia precisar de ninguém para te dizer isso. A mais fraca do grupo normalmente é a que mais precisa de afago. Para nós, buscar afirmação com outros é o mesmo que admitir fraqueza. Homens não apenas odeiam fraquezas como tentam se distanciar o máximo possível delas. Você já viu um homem perto de uma mulher chorona? Ficamos bem longe. Além de julgarmos fracos aqueles que buscam afirmação nos outros, nós homens também pensamos que você está fazendo isso por uma série de razões, como querendo que nós façamos sugestões para você, que alguém responda algo por você e faça seu trabalho ou que você está buscando uma aliança para o caso de algo dar errado. Todas essas suposições minam você como uma profissional dos negócios.

CHECANDO PARA VER SE ALGO É UMA BOA IDEIA

Quando você nos pergunta o que achamos de sua ideia, projeto ou iniciativa, entendemos que você quer que digamos se você está ou não no caminho certo. Você diz algo como: "Vou conversar com o diretor-regional sobre uma pro-moção. Você acha que o momento é adequado?". Nós entendemos: "Vou pedir um aumento. Você acha que mereço?". E respondemos: "Claro!" Mas na verdade pensamos: "Se você merecesse, você não teria de pedir!".

QUERENDO QUE OUTROS RESPONDAM AOS SEUS QUESTIONAMENTOS

Algumas vezes, quando você busca afirmação junto aos outros, pensamos que você pode estar querendo que façamos algum serviço para você.

Você diz: "Você acha que a prioridade do meu departamento deveria ser ir atrás da conta de Anderson ou deveríamos nos concentrar na conta de Smith?". Nós ouvimos: "Oi, não sei como fazer meu trabalho e preciso de uma pequena orientação. Você pode fazer isso para mim e me apontar a direção correta?". Se, no caso, você estiver buscando uma séria segunda opinião, a melhor maneira de tratar a questão é dizendo: "Fiz um pesquisa sobre as oportunidades envolvendo a conta de Anderson, e tendo a dar mais atenção a ela. Já que você é tão ligado à conta, gostaria de ouvir uma segunda opinião objetiva. O que você pensa?".

Você mostrou ao cara que fez seu dever de casa e você quer que alguém de fora dê uma olhada com a cabeça fresca.

BUSCANDO ALIANÇAS

Como mencionei anteriormente, quando mulheres partem para o ataque no local de trabalho elas normalmente buscam pessoas que concordem com seus argumentos e justifiquem suas ações. Se você vai até um homem com qualquer problema, para saber o que ele pensa a respeito, ele vai sorrir, balançar a cabeça, considerar que você é perigosa e começar a te enterrar. Eis alguns exemplos do que as mulheres dirão que levarão os homens a dar início ao processo:

- "Estou cansada de o nosso chefe não terminar a inspeção do nosso traba-lho. Você acha que eu devia dizer algo para o diretor-regional?"
- "Jerry é um idiota. Não sei se eu devia escrever uma carta anônima para o gerente. Você acha que eu devia?"
- "É impressão minha ou será que se nos livrássemos da Debbie seria me-lhor para esse projeto?"
- "Estou cansada daqui. Acho que vou embora sem avisar ninguém. Você acha que é uma boa ideia?"

Quando ouvimos comentários como esses, sabemos que você está buscando um cúmplice para, se algo der errado, você ter alguém para jogar no fogo por ter concordado com sua iniciativa. Não gostamos quando alguém arruma briga para nós; preferimos arrumar nossas próprias brigas.

13

Quem Merece um Lugar no Bote Salva-Vidas?: Esperando Imparcialidade nos Negócios

Você já...

1. questionou abertamente por que não é promovida?
2. treinou subordinados que se tornaram seus superiores?
3. esperou que alguém percebesse suas contribuições?
4. não pediu um aumento achando que eles iriam te recompensar com justiça?
5. foi preterida em um projeto que você sabia era perfeito para você?
6. ficou questionando por que não te integraram a uma comissão?
7. disse em uma roda de colegas que você achava que algo era injusto?
8. denunciou injustiças no local de trabalho?
9. usou os termos "justo" e "imparcial" no local de trabalho?

Durante toda minha carreira profissional, o que mais me incomodava era a falta de integridade das pessoas na promoção de negócios. Deparei-me muito mais com pessoas buscando dinheiro rápido do que com aquelas que estão verdadeiramente interessadas em permanecer por longo tempo no mercado e oferecer um grande produto ou um serviço diferenciado. Negócio é um modelo de engajamento puro que é maculado por pessoas. Na sua forma mais simples, negócio é uma transação envolvendo duas ou mais partes na qual uma troca algo de valor por outro de valor comparável.

Os problemas surgem na troca desses itens de valor. Negócios não são essencialmente justos, e uma boa maioria daqueles que você conhece nos negócios está buscando uma vantagem onde quer que possa. Você está lendo este livro porque quer ter uma vantagem sobre aqueles que não o leram.

Os negócios são baseados no egoísmo. Uma vez que você entenda e aceite esse fato, você pode superar a visão idealista de que os negócios são justos.

Quem disser o contrário ou está mentindo ou é um ignorante.

Existem três principais crenças que deixam as mulheres expostas porque elas não aceitam que os negócios não são sempre justos. A seguir, as crenças que desafiam as mulheres:

ASSUMIR QUE TODOS COMPARTILHAM AS MESMAS REGRAS

As pessoas com quem você faz negócios, seja seu chefe, sócio, colegas, cliente, fornecedor ou outros, aprenderam como fazer negócios da maneira deles e somaram a isso integridade, sistema de crenças e outros fatores que influenciam suas ações.

O que estou querendo dizer é que nenhum de nós faz negócios da mesma forma; alguns têm comportamento bem parecido com o seu, enquanto outros não poderiam agir de forma mais diferente. Isso significa que as regras que te governam não são necessariamente as regras que outros seguem.

Quando comecei minha trajetória profissional, vim de uma escola em que se incentivava as pessoas a tentar tirar competidores dos negócios. Estou falando em, literalmente, tentar fazê-los falir. Por ter passado por algumas transformações, eu agora não acredito que eu pensava daquela forma. Agora penso em todos os competidores como colegas porque existem clientes o suficiente para todos e todos faremos coisas de formas diferentes. O que você considera correto será entendido como incorreto por outros e vice-versa; e isso pode evoluir e mudar à medida que sua carreira progride. Aceite isso como verdade. Você não pode esperar que os outros sigam suas regras a menos que você diga a eles quais elas são e eles concordem com elas.

ASSUMIR QUE NINGUÉM VAI PROTEGER NINGUÉM

Ninguém vai cuidar da sua retaguarda a não ser você. Amigos em negócios podem dar avisos, mas ninguém está tão interessado como você em te manter longe de problemas. Considere uma situação de achatamento em empresas. Pessoas serão cortadas, e todos falam sobre o valor de cada um na empresa.

É tudo cascata. Todos estão, na verdade, pensando: "Eu a demitiria, ela não faz nada mesmo!". Todos nós defendemos nossos interesses, e ainda assim fingimos ser mártires abnegados que se preocupam com os outros. Lembre-se, você é (ou deveria ser) seu maior fã. Não espere por ninguém para garantir que você tenha um lugar à mesa no jantar.

Se você está contando que outros vão proteger seus interesses, você vai ficar terrivelmente desapontada. Imparcialidade ocorre apenas quando não coloca em risco a outra pessoa. Seus amigos vão te entregar caso tenham de escolher entre eles e você. Parece cruel, e você pode pensar que isso não se refere às amizades que tem, mas, acredite em mim, é melhor errar por excesso de cautela do que confiar demais.

ASSUMIR QUE TODOS TÊM O MESMO ENVOLVIMENTO COM O PROJETO

Quando você está trabalhando em um projeto que verdadeiramente empolga, não espere que todos tenham a mesma empolgação. Quando profissionais se envolvem em um projeto (tanto por iniciativa própria quanto por obrigação profissional), eles pensam em como o projeto poderá beneficiá-los. Ele pode propiciar grandes contatos? Ele pode levar a uma promoção? É perda de tempo?

Todos nós fazemos essas perguntas quando estamos envolvidos em um projeto, mas os homens se preocupam particularmente com o benefício estratégico do seu envolvimento. Se não vemos como ele vai nos beneficiar, vamos tocá-lo, mas vai ser difícil você nos empolgar. Supere isso. Se não vemos ganhos pessoais, você provavelmente não irá nos convencer sobre os méritos do projeto. Muito provavelmente não iremos assumir nossa parte do trabalho. Assim, prepare-se para isso.

Você pode se precaver em relação a essa situação, de certa forma injusta, discutindo previamente as regras que podem ser impostas. Os homens as chamam de "regras de engajamento". Quero que você saiba que os homens têm certos princípios que adquirimos com o tempo. Vamos excluir uma mulher dez vezes mais rápido do que faríamos em relação a outro homem porque as repercussões quanto à mulher são raras e mínimas em comparação com as que envolvem os homens.

Eis algumas regras que os homens adotam sem discussão. Sigo essas regras com todos os homens que conheço, mas nunca discuti com eles sobre elas.

1. Só vou te enfrentar em um ambiente profissional se eu estiver disposto a levar a disputa até à morte (dramático demais, mas apropriado).

2. Assumo que, se você me constrange, vou ter de me manter em guarda sempre que estivermos no mesmo ambiente de negócios.

3. Assumo que, se eu roubar um de seus clientes, você não deixará pedra sobre pedra até que tenha roubado todos os meus clientes e me desacreditado.

4. Somos mais fortes unidos do que separados, então, vamos respeitar nosso conhecimento comum e caçar juntos.

5. Você não vai me desrespeitar por saber que sou uma pessoa determinada e que em algum momento no futuro você pode ter de engolir as palavras que usou contra mim.

6. Vou manter a palavra com você por saber que serei julgado pela minha determinação de cumprir minhas promessas. Quero que você confie na minha palavra para eu poder confiar na sua.

7. Vou apoiar você e te promover desde que isso não o coloque acima de mim.

8. Não trabalho para você; trabalho com você.

9. No momento em que você considerar que eu não sou um finalizador/caçador/vencedor, sei que você irá se afastar sutilmente de mim e eu farei o mesmo se for o seu caso.

10. Se você for pego fazendo algo impróprio, vou te proteger até que isso comece a me afetar, e então vou te largar.

Raramente, homens e mulheres conversam sobre essas regras, mas devíamos fazê-lo. Quando estamos no mesmo barco, vamos respeitar a posição do outro. Com todos os meus clientes, passo de imediato com eles minhas regras de engajamento para que eles saibam as regras que quero que eles sigam caso queiram trabalhar comigo.

Definir fronteiras significa basicamente mostrar aos outros as regras que você segue e dizer que eles têm de respeitá-las se quiserem interagir com você. Isso me leva a um ponto importante: você não tem controle sobre como as pessoas agem ou sobre as regras que as governam, mas você pode controlar a forma como elas interagem com você. Ao mostrar a elas quais são os seus limites, elas percebem melhor quais são suas expectativas e o que você não tolera. Elas podem fazer tais coisas, mas não com você.

Amostra de Regras de Engajamento

1. Telefones celulares têm de ser desligados durante reuniões. Se você espera uma ligação que não pode perder, não vá à reunião. Se você não pode desligar seu telefone, não tenho tempo para você.

2. Não fale mal de outros profissionais na minha frente. Não quero ser associado a profissionais que desrespeitam seus competidores.

3. Você vai me dizer a verdade. Se eu descobrir que você mentiu para mim, nossa relação de negócios está terminada. Você pode mentir, mas não para mim.

4. Você será pontual em nossos encontros. Não me importa se você se atrasa para outras coisas, se você não for pontual comigo, não vou me encontrar com você.

Você devia fazer uma lista das regras que você segue e, então, formular uma lista dos limites que você impõe aos outros. Eis alguns exemplos:

Regra	**Limite**
"Serei sempre pontual."	"Para eu me encontrar com alguém, ele tem de etar no horário."
"Direi a verdade."	"Para fazer negócios comigo, você tem de dizer sempre a verdade."

Busque formular tantos itens quanto puder e, quando estiver fazendo negócios com alguém, deixe a pessoa saber quais são suas expectativas e pergunte quais são as dela. Eu não diria: "Esses são os meus limites. Siga-os ou não faremos negócios". Melhor seria dizer: "Queria que ficasse claro que eu e você temos as mesmas expectativas. Quais as exigências que você faz para as pessoas com as quais você negocia?". Uma vez que a pessoa tenha a oportunidade de expor suas exigências, então você poderá acrescentar aquelas que você tem e ela não levantou.

Isso é muito poderoso em negociações. Imagine como seria uma negociação se você dissesse o seguinte:

"Vamos estabelecer antes de começar que esse processo vai terminar com ganhos dos dois lados, ou não poderemos trabalhar juntos. Não quero que a carga fique sobre as costas de nenhum de nós, então vamos garantir que esse negócio seja bom para os dois. Prefiro não fazer negócio do que fazer um que no fim leve um de nós a pensar que não conseguiu o que queria. Concorda?"

Assim que você define seus limites, qualquer estratégia que a outra parte tenha em mente para assumir uma posição dominante estará enterrada porque você deixou claras as suas expectativas, e eles sabem que você preferirá sair do que fazer um mau negócio. As duas partes se concentrarão agora em buscar formas de realizarem um bom negócio para todos, em vez de ficarem preocupadas em não ter seu tapete puxado.

14

Abandonar o Navio: Aceitando Ser Maltratada

Você já...

    1. voltou para casa depois de um dia duro no trabalho sentindo que você foi tratada injustamente?

    2. sentiu que foi pega para Cristo?

    3. foi tratada com desrespeito?

    4. foi reprimida publicamente?

    5. foi maltratada por alguém e então arrumou uma desculpa sobre o porquê de terem agido assim?

    6. sentiu ter sido diminuída ou marginalizada em uma reunião?

    7. teve suas ideias desconsideradas?

    Um dos maiores desafios que as mulheres enfrentam em um ambiente de negócios é como lidar com colegas homens que as tratam sem consideração. Não estou dizendo de quando eles falam coisas ofensivas, apesar de o uso de ofensas fazer parte disso. No fundo, estou falando sobre ser tratada como uma peste, uma criança ou uma subordinada e se dirigirem a você em tom de condescendência, julgamento ou desrespeito.

    Se você tem de aceitar ser maltratada para manter o emprego (o que já ouvi várias vezes), você está não apenas prestando um grande desserviço a você mesma, mas está estabelecendo um padrão de tratamento que deverá ser aceito por suas colegas de trabalho e por aquelas que virão depois de você.

Antes de poder lidar com a questão, é fundamental entender que, como adulta e profissional qualificada, você tem a capacidade de responder; desta forma, você tem de assumir responsabilidade pelo que está acontecendo e o que irá acontecer no futuro. Deixe-me compartilhar com você os argumentos que ouço frequentemente quando mulheres me falam sobre colegas de trabalho desrespeitosos e as justificativas que elas dão para eles agirem assim. Mulheres profissionais se tornaram especialistas em ponderar por que os homens fazem o que fazem. Quase sempre elas estão erradas em sua avaliação e acabam permitindo que sejam maltratadas sem razão. Eis quatro reações comuns que tenho observado em mulheres profissionais.

ARRUMANDO DESCULPAS PARA PESSOAS QUE SE COMPORTAM MAL

Quando um colega de trabalho age de forma desrespeitosa em relação a uma mulher, se ela não o confrontar imediatamente, ela dará início ao tedioso (e desnecessário) processo de determinar por que a pessoa teria agido daquela forma. Ela vai buscar na memória algo que poderia ter dito que contribuiu para o comportamento dele.

Alguma dessas respostas soa familiar?

- "Ele está passando por um divórcio e está estressado."
- "Acho que ele está tendo problema em casa com os filhos."
- "Ele foi preterido naquela promoção."
- "Ele está frustrado com o andamento do projeto."
- "Ele tem trabalhado muito."

Quando você arruma desculpas para a ação dos outros, você se torna conivente com as ações deles. Não faça isso! Como eu já disse, questões pessoais nunca deveriam influenciar problemas profissionais. Não existem desculpas para um tratamento desrespeitoso de pessoas no local de trabalho; portanto, não as procure.

CONSIDERANDO UM INCIDENTE ISOLADO

Se você descobre que é vítima do tratamento desrespeitoso da parte de uma pessoa que não tem o hábito de se comportar assim com as outras pessoas, não considere isso um incidente isolado e o receba com naturalidade. É importante que todos vejam que você não é uma boba nem um saco de pancadas quando alguém decide lançar farpas para todos os lados. Mesmo se você foi maltratada apenas uma vez, foi vezes demais. Reaja imediatamente.

NÃO QUERENDO PIORAR AS COISAS

A maioria das mulheres não gosta de conflito. A maioria dos homens, por outro lado, ama conflito, e nós o procuramos apaixonada e agressivamente de quando em quando. Independentemente de seus sentimentos em relação a conflito, saiba que você não vai necessariamente criar mais ao lidar com a questão. Não se trata de caracterizá-lo como o errado e você como a certa. Trata-se de entender o que ocorreu e garantir que não se repita.

ASSUMINDO QUE É APENAS ALGO QUE VOCÊ TERÁ DE ACEITAR PARA SEGUIR EM FRENTE

Deixe-me ser bastante claro: você não tem de aprender a lidar com maus-tratos a fim de seguir em frente. Você não tem de receber pancadas para mostrar que é forte. Você pode escolher. Você pode ser maltratada, engolir, deixar que isso influencie seu ambiente de trabalho, levar o problema para casa e tornar sua vida um inferno. Ou você pode confrontar a situação e demarcar claramente seus limites com os outros.

Neste momento, você deve estar pensando: "Tudo bem, sei que eu deveria enfrentar a situação, mas como fazê-lo sem ser enterrada e sem provocar mais conflito?". Aconselho a lidar com a questão imediatamente, aberta e profissional-mente. O problema tem de ser identificado sem ser levado para o campo pessoal e os limites têm de ser estabelecidos. Por exemplo:

Tina trabalha em uma agência de publicidade em Boston. Durante uma reunião estratégica, Tina levanta uma questão que não está diretamente relacionada com a discussão, mas ela acha que terá reflexo nos resultados. A reunião já se arrasta por três horas, e os nervos estão à flor da pele. O chefe de sua equipe vira-se para ela e diz: "Pelo amor de Deus, Tina, dá para você manter o foco? Não quero ter de continuar te puxando! Entre no jogo, ou vai procurar outra coisa para fazer". Essas são palavras duras, reforçando uma reação desproporcional. O chefe da equipe de Tina está demonstrando sua frustração e a agrediu verbalmente. O grupo está chocado e tenta voltar rapidamente aos negócios a fim de deixar para trás a incômoda situação.

Tina tem algumas opções. Ela pode avaliar que ele apenas estava estressado e que ela não escolheu o momento adequado para sua intervenção. Ela pode fingir que não aconteceu nada. Ela pode apenas deixar passar. Ela pode tirar a situação a limpo na frente de todos e dizer a ele que ele não foi profissional. Ou, ainda, ela pode decidir conversar com ele sobre a questão depois da reunião. Sugiro a última opção.

Logo depois da reunião, ela deveria ir até ele e dizer: "Precisamos ter uma conversa particular imediatamente". Isso o jogará na defensiva, e ele pode ou concordar com a discussão ou tentar se esquivar por saber o que terá de enfrentar. De qualquer forma, ela já recuperou sua força. Se ele fugir do encontro, ela deve encontrá-lo e afirmar: "Precisamos marcar uma hora para conversarmos hoje. Dê-me uma resposta até o almoço". Quando ela conseguir conversar com ele, é importante deixar tudo bem claro sem fazê-lo parecer injusto.

Tina deveria dizer: "Preciso ser muito franca com você. Independentemente da situação, quero que falem comigo com o maior respeito. Nunca mais quero ser tratada daquele jeito. Quero que isso fique bem claro entre nós".

Ela então pode sair. Tina não precisa ouvir suas desculpas ou comentários. O recado já foi dado. Ela não deve fazer isso por telefone ou *e-mail*. Tem de ser pessoalmente. Telefone ou *e-mail* permite que a pessoa se distancie da situação.

Você tem uma responsabilidade consigo mesma e com todas as suas colegas, a saber: garantir que limites sejam estabelecidos e que os colegas homens saibam que devem tratar suas colegas mulheres com o mesmo respeito e da mesma maneira que tratam os colegas homens.

Lembre-se: nunca é certo aceitar ser maltratada! Uma mulher que aceita ser maltratada sem contestar é tão culpada quanto o homem que comete a injustiça. Quando você permite que isso aconteça ou arruma uma desculpa, você está simplesmente dizendo às outras mulheres que esse é o preço que a mulher paga para entrar no mundo dos negócios. Isso é ridículo! Confronte a situação sem caracterizar o cara como injusto e o faça em particular. Lembre-se, você não precisa caracterizá-lo como incorreto para você ser a correta. Você tem de estabelecer limites e, consequentemente, você definirá limites em nome das outras mulheres na sua organização.

15

"Deixem que Eu Faço o Serviço Duro": Tentando ser Querida e Abnegada

Você já...

1. fez coisas por achar que as pessoas iriam gostar de você?
2. conversou sobre assuntos que não te interessam, mas você sabia que a outra pessoa gostava?
3. ajudou em tarefa que não era sua para mostrar que você joga para o time?
4. assumiu prontamente tarefa de outros?
5. ofereceu-se para ajudar um colega de trabalho a mudar, a retornar uma chamada, a fazer pesquisa ou outras coisas úteis?
6. fez tarefas ou trabalhos que não eram de sua responsabilidade a fim de ajudar alguém?

Em negócios, a primeira coisa que você quer de alguém com quem faz negócios é respeito. Muitas mulheres se esforçam para criar harmonia com seus colegas e clientes, o que é importante, mas não o mais importante. Prefiro muito mais ser respeitado a ser querido. O desafio que a mulher enfrenta em negócios é romper com o estereótipo que as pessoas têm sobre mulheres nos negócios. Espera-se que as mulheres sejam amigáveis e generosas. A maioria das mulheres preenche esse estereótipo. Muitas vezes, aquelas que não querem assumir esse papel extrapolam, tornando-se cachorras. Nenhum dos dois serve para você.

O que você quer é praticar autoproteção egoísta. Quero que você faça uma lista de tudo que precisa, para entregar aos outros abertamente e sem lamentação. Mulheres tratam essa questão de forma equivocada. Elas praticam autossabotagem abnegada. Em outras palavras, significa dizer que elas se preocupam com todos e então tentam encontrar tempo para fazer o que precisam para si mesmas. Isso soa familiar para você? Deixe-me dar um exemplo de duas formas diferentes de tratar essa questão.

AUTOSSABOTAGEM ABNEGADA

Colega: "Lisa, eu realmente preciso de ajuda com esse relatório que tem de ser entregue amanhã. Tenho reuniões o dia todo e preciso de ajuda para conseguir fechar esse negócio. Você poderia ir até a biblioteca e apanhar esses documentos para mim? Seria uma grande ajuda".

Lisa: "Eu estou realmente com muito serviço, mas posso dar uma corrida até a biblioteca para te ajudar. É tudo o que você precisa para concluir o relatório?"

Lisa acha que está fazendo jogo de equipe ao ajudar no projeto. O que ela não está compartilhando é que ela também tem responsabilidades para o dia seguinte, mas, querendo ser vista positivamente, ela pensa que tem de dizer sim para ser respeitada e querida por seu colega. Além disso, ela está certa de que ele vai ajudá-la quando ela eventualmente precisar (errado!).

Ela está colocando outros na frente de si mesma, o que vai roubar dela mais do que tempo. Isso vai acrescentar estresse à sua carga de trabalho. Tendo de ficar até mais tarde no trabalho, ela também vai sacrificar algum de seu tempo livre. Caso não cumpra a tarefa, ela acabou de se tornar o bode-expiatório para um eventual fracasso.

AUTOPROTEÇÃO EGOÍSTA

Colega: "Lisa, eu realmente preciso de ajuda com esse relatório que deve ser entregue amanhã. Tenho reuniões o dia todo, e preciso de ajuda para conseguir fechar esse negócio. Você poderia ir até a biblioteca e apanhar esses documentos para mim? Seria uma grande ajuda".

Lisa: "Tim, sinto muito, mas não posso te ajudar agora. Eu também tenho relatórios que precisam ser entregues amanhã. Por que você não pede auxílio ao Tom ou à Tina ? Na próxima vez, se você avisar com um pouco mais de antecedência, ficarei feliz em ajudar caso tenha tempo".

Ela se colocou em primeiro lugar e mostrou a ele que ele não pode jogar trabalho para ela no último minuto. Igualmente, ao fazê-lo saber que tem responsabilidades que também precisam ser concluídas, ela reafirma que leva a sério suas tarefas. Ele agora sabe que ela não é uma empilhada que assumirá trabalhos que ele não tem tempo de fazer.

Pessoas boazinhas são atrativas para os Homens Alfa porque são para elas que jogamos nosso trabalho, especialmente as coisas que não queremos fazer ou que deixamos para o último minuto. Sabemos que pessoas boazinhas têm dificuldade em dizer não a nossos pedidos. Se você é uma dessas boazinhas, você provavelmente percebeu que a mesma pessoa não apenas te pede mais e mais favores, como também mais e mais pessoas buscam sua ajuda. Isso é porque quando encontramos alguém que faz o trabalho para nós, contamos para os outros Alfas.

Um exemplo de conversa entre dois Homens Alfa sobre colegas boazinhas:

Alfa 1: "Deixei esse maldito projeto para a última hora, e tenho de concluí-lo para conseguir fechar o negócio".

Alfa 2: "Peça para a Jennifer te ajudar. Ele pode preparar todo o trabalho, e tudo que você terá de fazer é checá-lo".

É assim que falamos entre nós. Não dizemos: "Dê para ela, ela gosta de ajudar". Nós sempre usamos um discurso que é defensável. Imagine se alguém questionar o Homem Alfa sobre o comentário que ele fez em relação à Jennifer. Ele poderá se defender facilmente, dizendo: "Sim, disse para pedir ajuda à Jennifer. Ele sempre me ajudou muito quando eu precisei". Não se trata de um julgamento, e não soa mal objetivamente, mas quando a conversa é entre dois Homens Alfa o entendimento é mais profundo.

Pessoas boazinhas não acabam em último, são as queridinhas que acabam.

16

"Tome, Pegue o Último Colete Salva-Vidas": Pedindo o que Você Quer

Você já...

1. pensou sobre o que você queria, mas avaliou que era irrealista?

2. quis muito algo, mas não sabia como pedir?

3. pensou que merecia um aumento, mas não quis criar uma situação desconfortável?

4. pediu uma promoção por ter sido leal?

5. viu o preço de algo que você precisava para seu negócio e decidiu comprar algo mais barato?

6. trabalhou em um cargo em que você sabe que um colega masculino com a mesma experiência está ganhando mais?

Homens pedem por mais do que merecem; mulheres pedem o que pensam ser razoável. A maioria das mulheres que conheci tem uma voz dentro da cabeça dizendo quanto elas valem. Essa voz é um crítico e impede que a mulher peça o que ela quer. Se um homem e uma mulher estão na mesma posição ganhando US$ 50.000 por ano, o cara vai pedir US$ 90.000 e explicar por que vale isso. A mulher vai pedir US$ 55.000 porque ela acha que é razoável e que não irá deixar a outra parte desconfortável.

As mulheres precisam definir o que querem, e não o que pensam que podem conseguir. Usando salários como exemplo, nunca encontrei um Homem Alfa que não soubesse quanto faturava para sua companhia. Ele fez todos os cálculos e sabe que sua remuneração é uma parte dos negócios que traz. Não fazemos isso apenas para termos uma comparação com nossos concorrentes, mas também para termos uma moeda de barganha na discussão salarial. As mulheres não agem da mesma forma. Elas querem ser razoáveis, justas e despretensiosas. Elas não querem parecer ou ser gananciosas. Quando uma companhia está ganhando um monte de dinheiro nas suas costas, você devia ser bem paga porque você é um ativo.

Tenho uma cliente que trabalha há quatro anos em um grande escritório de advocacia de Los Angeles. Ela trabalha com desenvolvimento de projetos e é o único associado que entra regularmente com demandas em juízo. Ela tem feito consistentemente pelo menos três demandas por mês nos últimos dois anos. As únicas outras pessoas com a mesma consistência são sócios maiores (Descobridor). Quando os associados têm sua revisão anual, os sócios pedem a eles para apresentarem uma proposta sobre o valor do bônus que acreditam merecer. Minha cliente era a única mulher a apresentar a proposta porque as outras mulheres deixavam para os sócios decidirem o que seria justo. Minha cliente ganhava um bônus quatro vezes maior do que de qualquer outra associada porque apresentava um pedido e justificava que se tratava de uma pequena porcentagem do trabalho que ela trouxe, sem falar que ela cumpria ou superava as metas de horas e financeira. Se suas colegas tivessem feito o mesmo, mesmo sem o desenvolvimento de projetos, elas provavelmente teriam recebido o dobro de bônus.

Quando a questão é aumento salarial, os Alfas pedem mais do que merecem e lutam por ele, enquanto as mulheres sugerem um número modesto e sempre conseguem exatamente o que pediram. Este é um exemplo do mundo real. Deixe-me mostrá-la como funciona, e tenha em mente que estamos falando basicamente da mesma carga de trabalho.

Homem Ganhando 50 mil dólares   Pediu 90 mil dólares   Conseguiu US$ 68 mil dólares

Mulher Ganhando 50 mil dólares   Pediu 55 mil dólares   Conseguiu 55 mil dólares

É por isso que existe uma discrepância no nível de renda entre os sexos. Homens pedem mais e conseguem mais. Não é um mistério, trata-se simplesmente de pedir o que você quer. Conheço dois gerentes de câmaras de comércio na Columbia Britânica, um homem e uma mulher, que trabalham com organiza-ções de igual tamanho, com número semelhante de membros e com orçamentos quase idênticos. O homem ganha 70 mil dólares por ano e a mulher, US$ 53 mil dólares. A diferença existe porque o conselho da câmara do homem sabe que ele não trabalharia por 53 mil dólares, e o conselho da câmara da mulher sabe que ela trabalhará. Essa é uma dinâmica do lado da oferta. Se as mulheres decidirem não trabalhar por menos, elas não terão de trabalhar. As mulheres precisam assumir a autoproteção egoísta, determinar claramente o que querem, não o que acham que podem conseguir, e pedir!

17

"Bote Salva-Vidas nas Costas": Traçando um Plano B

Você já...

    1. viu-se despedida sem ter uma alternativa de trabalho?

    2. viu-se presa a uma situação por não ter outras opções?

    3. sentiu que estava desperdiçando tempo esperando que as coisas melhorassem?

    4. sentiu-se apavorada indo ao trabalho ou encontrando-se com um cliente difícil?

    Plano B — Esta é a expressão que os caras usam para se referir a planos alternativos. Passamos grande parte do nosso dia traçando planos de contingência para o caso de as coisas não tomarem o rumo que desejamos. Quando me casei, pensei no que faria caso me divorciasse. Quando fecho com um grande cliente, penso sobre quem poderia substituí-lo caso ele não pague. Quando contrato um assistente, penso quem poderia tomar seu lugar no caso de ele ou ela saírem. Tenho escondidas chaves do carro e da minha casa para o caso de eu ficar trancado fora. Tenho cartões de crédito de reserva, dinheiro vivo em mãos e coisas do tipo para o caso de uma eventualidade. Homens gastam muito tempo torcendo pelo melhor e se preparando para o pior. Assim, sempre temos opções. Caso saibamos que um cliente está afundando, começamos a conversar com seus concorrentes para que, no caso de sermos afastados, possamos fechar com algum de seus concorrentes e repor imediatamente a verba. Se tivermos um chefe medíocre, começamos a conversar com pessoas da nossa rede de contatos em busca de novas oportunidades. Com um Plano B, garantimos que não seremos a cadela de ninguém. Fazemos as coisas do nosso jeito ou pulamos fora. Mulheres, por outro lado, estão tão ocupadas tomando conta de seus maridos, famílias, colegas de trabalho, amigos etc. que acabam não elaborando um Plano B. Dessa maneira, se algo der errado, elas são pegas desprevenidas.

Brinco com plateias com a seguinte ilustração: quando um navio está à deriva, depois que os ratos pularam fora e a tripulação está nos barcos salva-vidas, a mulher está ajudando o capitão a vestir sua jaqueta para que ele não sinta frio na viagem. Vocês acham que os Homens Alfa farão isso por você? Não! Vamos demiti-la, substituí-la, sabotá-la ou enterrá-la caso isso nos beneficie. Se você não tem um plano alternativo, podemos exercer uma pressão a mais sobre você. Podemos ameaçá-la de demissão, especialmente se você sustenta sua família, porque sabemos que será difícil para você encontrar rapidamente outro trabalho. Deixe-me apresentá-la um exemplo:

OPÇÃO 1 – MULHER SEM PLANO B

Patrão: "Brenda, andei olhando o valor das comissões nas vendas e decidi alterá-lo. A partir de segunda-feira, ele vai cair de 20% para 10%".

Brenda: "Tudo bem, mas vai ser mais difícil eu pagar minhas contas, você tem alguma sugestão de como posso aumentar minhas vendas?"

Brenda está nas mãos do seu patrão. Ela vai aceitar a oferta e pode até começar a procurar outro emprego, mas provavelmente ela vai primeiro pensar em como pode vender mais para manter sua comissão. Basicamente, ela tem de descobrir como vender o dobro para manter a mesma renda. Nesse momento, Brenda fica amargurada e, na maioria das vezes, fica pensando o que fez de errado e qual é seu valor no mundo dos negócios.

Agora, vamos supor que Brenda se empenhou na formação de uma rede de pessoas e ganhou visibilidade, credibilidade e demonstrou ser lucrativa perante seus colegas. Ela vai começar a receber ofertas de trabalho ou, pelo menos, a ouvir falar de outras companhias que poderiam ter interesse em contratá-la. O Plano B de Brenda é um contato em outra companhia que disse a ela: "Cobrimos sua remuneração para tê-la conosco. Você tem um lugar aqui sempre que quiser".

OPÇÃO 2 – MULHER COM UM PLANO B

Agora, quando o patrão de Brenda diz que o valor da comissão vai mudar, esta é sua resposta:

Patrão: "Brenda, andei olhando o valor das comissões nas vendas e decidi alterá-lo. A partir de segunda-feira, ele vai cair dos 20% para 10%".

Brenda: "Sinto muito, mas isso está fora dos meus planos. Como uma pessoa de destaque nesta empresa, na verdade, minha comissão deveria subir para 30% com subsídio para o carro, ou vou aceitar uma oferta que me fizeram. Por favor, considere até segunda-feira. Se não for possível, considere que meu pedido de demissão foi entregue, e saio em duas semanas ou menos, se você quiser".

Brenda está no controle. Ela não é cadela de ninguém. Se o jogo não está bom para ela, ela simplesmente muda as regras. Ela só pode fazer isso porque tem um Plano B que lhe dá espaço de manobra. Um Plano B é um seguro. Você pode trabalhar para uma grande companhia ou ter grandes clientes, mas, se algo der errado e as coisas saírem de controle, você vai querer ter opções. O tempo gasto planejando um Plano B é um tempo bem gasto.

Eis um guia passo a passo que ofereço a minhas clientes para desenvolver um Plano B:

- Mapeie a situação (emprego, cliente, relação, o que seja).
- Imagine o pior cenário.
- Decida como agirá caso você se encontre amanhã naquela situação.
- Faça uma lista dos passos que deve dar agora como garantia no caso de isso ocorrer.
- O que deveria estar disponível para você sentir-se segura.

Eis um exemplo de como alguém pode desenvolver um Plano B:

- Situação: ter um cliente no setor de petróleo e gás do qual cobra 300 mil dólares anuais por serviços de *marketing*.
- Pior cenário: o cliente sai e leva os negócios por motivo de falência, mudança de administração, contratação de assessores próprios etc.
- Se isso ocorresse, eu: faria uma lista de todas as outras companhias de tamanho e presença no mercado semelhantes e começaria a conversar com elas e apresentar nossos serviços e experiência.

- Passos que posso dar hoje: faça uma lista dessas companhias e de suas pessoas de contato. Pesquise sobre essas pessoas e descubra suas histórias. Determine suas oportunidades de *marketing* e o que faria diferentemente ou com menos custos. Participe de eventos do setor, apresente-se e aproxime-se delas.
- Vou saber que estou garantido quando: um ou mais delas pergunta se estamos aceitando novos clientes ou se temos tempo para conversar sobre estratégias com eles.

Siga esse processo e você, também, terá um plano que, tomara, nunca terá de usar. Mas, se tiver, você estará preparado!

18

"Bem-Vindo Ao Clube!": Entendendo Indicações Nos Negócios

Você já...

1. tentou conseguir que um colega sugerisse alguém para algum negócio seu?
2. sugeriu pessoas para outros negócios?
3. recebeu pessoas sugeridas que acabaram sendo uma perda de tempo?
4. foi queimado por alguém que havia sido sugerido a você?
5. imaginou por que te sugerem pessoas, mas poucas são qualificadas?
6. percebeu que muitas das pessoas sugeridas não eram apropriadas ou não tinham dinheiro?

Por que não terminar este livro com algo controverso? Sugestões são uma roubada! Elas são uma mera recomendação, não uma indicação, e tenho visto muitos profissionais perdendo tempo se reunindo com pessoas que não são de forma nenhuma apropriadas para seus negócios. Alfas têm um ditado: "Geradores estão montando redes de contato enquanto Âncoras estão fazendo contatos". Uma sugestão é uma recomendação, o mesmo que uma propaganda de tevê ou um anúncio nas páginas amarelas. Uma indicação tem o endosso de um paizão. Ao observar Alfas-chave, como o personagem Tony Soprano, da série *Os Sopranos*, você vê que ele não sugere pessoas para fazerem trabalhos para outras, mas faz o papel de casamenteiro. Ele também estabelece uma série de regras para que ninguém se sinta injustiçado e todos fiquem felizes. Quando todos estão felizes, Tony Soprano aparece bem na foto. Se não estão, ele se envolve pessoalmente.

Mulheres vão a eventos de contatos e acabam conversando com as mesmas mulheres do evento passado. Algumas mais aventureiras se encontram com novas pessoas e vão ou 1) tentar fazer novos amigos ou 2) tentar vender barato seus serviços. É comum ver uma Âncora que participa de um desses jantares andando pelo salão e colocando sua propaganda no prato ou na cadeira de todos. Faz-me lembrar do idiota que coloca filipetas de pizzarias no meu parabrisa no *shopping*. Elas vão direto para o lixo. Pessoas que agem assim buscam indicações, mas Alfas decidem imediatamente não recomendá-las. Caso contrário, pareceríamos exatamente como um Âncora. Lembre-se, tudo envolve visibilidade, credibilidade, rentabilidade. Essas três questões são baseadas em um fato essencial: Alfas indicam pessoas que os deixam bem e trazem dinheiro para ele. Quando endossamos pessoas é uma questão estratégica, metódica e interesseira. Nós apresentamos um pacote para as pessoas; não fazemos simplesmente uma recomendação. Fazer recomendações (sugestões) é coisa de principiante. Deixe-me dar-lhe exemplos tanto de uma sugestão (recomendação) como de uma indicação para você perceber o poder absoluto do último.

A situação:

Vamos dizer que minha amiga Fiona é uma gestora de vendas e meu amigo Robbie tem uma companhia *on-line*. Robbie precisa de uma pessoa para treinar e motivar sua equipe de vendas a fim de aumentar seus negócios.

A sugestão:

Robbie: "Chris, você conhece um bom gestor de vendas? Preciso trazer alguém para trabalhar minha equipe."

Chris: "Sim, você pode checar com a Fiona Walsh. Ela é uma treinadora de equipes de vendas que conheço. Vou te mandar o *e-mail* dela".

Aposto que você está dizendo: "Não vejo nada de errado. Se fosse comigo, ficaria satisfeita". Mas o que você não percebe é que de cada 100 sugestões como essa, 90 são roubadas (pessoas desqualificadas que vão desperdiçar seu tempo).

Por outro lado, quando um Alfa faz uma indicação nos negócios, ele já fez seu dever de casa em relação a cada uma das partes (mais na do fornecedor). Sabemos quem é (visibilidade), sabemos que ele pode realizar o serviço (credibilidade, ou seja, o comprador tem dinheiro para gastar e o fornecedor vai atender às expectativas), e que pode haver uma relação benéfica entre os dois (rentabilidade, ou seja, o cliente consegue o que quer e o fornecedor ganha dinheiro).

Usando a mesma situação, eis como ocorre uma indicação nos negócios:

Robbie: "Chris, você conhece um bom gestor de vendas? Preciso trazer alguém para trabalhar minha equipe."

Chris: "Sim, tenho alguém em particular que indico para meu círculo íntimo. Ela não tem tempo para mesquinharias e, se você quer trabalhar com ela, é preciso levar a sério."

Robbie: "Quem é ela?"

Chris: "Ela já pegou companhias no zero e fez as vendas subirem para US$ 15 milhões em um ano. Ela é uma ótima gestora e treinadora, e seus clientes fazem um caminhão de dinheiro depois que seguem suas orientações."

Robbie: "Parece bom. Você pode me apresentá-la?"

Chris: "Ela cobra US$ 1.500 por dia. Você tem verba para isso?"

Robbie: "Se você diz que ela vale, vou alocar os fundos."

Chris: "Tudo bem, vou apresentá-la a você. Não desperdice o tempo dela e pague em dia. Não me deixe mal com ela, certo? Vou ver se ela tem um tempo para te encontrar. Se tiver algum problema, ligue-me primeiro e eu cuido do caso."

Robbie: "Parece legal. Obrigado pelo contato."

Agora que habilitei o comprador e passei para ele o histórico dela, ele está pronto para fazer negócio. Entro, então, em contato com Fiona e tenho com ela a seguinte conversa: Chris:

"Fiona, tenho um cliente para você. Ele é um amigo querido e um grande empresário. Ele precisa de alguém para treinar sua equipe de vendas. Disse a ele que você é a melhor e ele quer te encontrar".

Fiona: "Obrigada, Chris, quando você quer que eu o encontre?"

Chris: "O mais rápido possível. Ele está pronto para fazer negócio. Quero que você o trate como se fosse seu único cliente, como se fosse um parente seu. Quero que ele se sinta nas nuvens e agradeça a Deus toda vez que pensar na indicação que fiz. Você precisa deixá-lo impressionado com seu serviço e desempenho. Se você fizer o que eu acho que você fará, vai haver muito mais trabalho para nós dois. Disse a ele que você cobra US$ 1.500 por dia, e ele está disposto a pagar. Você tem de garantir que nós dois vamos sair bem dessa história. Se por qualquer razão algo sair errado, nosso relacionamento vai sofrer. Então, cumpra o que prometer. Se tiver algum problema, ligue-me primeiro e eu cuido do caso."

Sei que isso soa meio mafioso, mas o que estou fazendo é avalizando a credibilidade de cada um com a minha própria. O que estou dizendo é que eles não precisam se preocupar porque fiz as diligências devidas sobre cada um. Se houver um problema, serei envolvido, e ninguém quer que o cara que traz os negócios fique insatisfeito. Nesse modelo, não há requisição de proposta, apresentação de projeto ou qualquer dos processos tradicionais pelos quais você passa quando sugerem alguém para você. As pessoas não precisam de referências adicionais porque, se o cliente tem confiança em mim, ele sabe que eu não vou jogar ele em uma roubada. E se alguém sair da linha, vou assumir a responsabilidade porque fui eu quem fez as apresentações.

É por isso que homens constroem negócios tão rapidamente – alguns chamam de endossamento, mas é na verdade uma indicação. Por outro lado, se você é um dos que fazem recomendações (ou seja, fazem sugestões para alguém) e elas são uma roubada, a pessoa vai sorrir e agradecê-lo por pensar nela, mas internamente vai pensar que você também é uma roubada pelas pessoas com as quais se relaciona. Costumamos dizer: "Não desperdice munição". Ou seja, não procure negócios onde eles não existem. Comece a montar sua rede com indicações tanto de outros para você como de você para outros, e garanta que visibilidade/credibilidade/rentabilidade sejam a base dessas indicações. E você deve fazê-las de forma interesseira; você vai ficar bem com os outros, conseguir reciprocidade nos negócios e talvez ganhar algum dinheiro com elas. Lembre-se: sugestões são para perdedores; indicações são para ganhadores. Na próxima vez em que estiver trabalhando na montagem da rede de contatos, veja quem está apenas fazendo cena e quem está realizando negócios. Realizar negócios com os Alfas significa fazer indicações e receber indicações.

PARTE III

Perguntas Habituais que as Mulheres Fazem
(Se você pulou todas as páginas anteriores, eu compreendo.)

Perguntas sobre...

Homens: O que torna um marinheiro forte?

Por que os homens param de falar no café quando eu chego?

Para início de conversa, eles não estavam falando de você nem queriam excluí-la do papo. Eles estavam tentando impressionar uns aos outros e se encaixarem no grupo. Homens muitas vezes criam ligações entre eles sendo exagerados, desprezíveis, e dizendo coisas que não são politicamente corretas. Eles pararam de falar porque muito provavelmente estavam dizendo coisas impróprias para os ouvidos de uma colega. Cada vez mais preocupados com a questão do assédio sexual nos locais de trabalho, os homens estão excessivamente cautelosos com as palavras, evitando dizer coisas que possam ser interpretadas de forma equivocada por colegas ou clientes. Portanto, quando os homens se calam, é porque estavam falando algo que poderia ser considerado impróprio para as mulheres.

Por que os homens sempre querem ser líderes?

Liderança é algo muito importante na carreira de um Homem Alfa. Temos de mostrar que podemos não apenas conseguir a indicação para ser líder, mas também que podemos corresponder às expectativas quando ganhamos a posição. Os Homens Alfa não gostam que digam a eles o que fazer. Quando so-mos o líder, dizemos aos outros o que fazer, que é algo do qual gostamos muito. Se você não está à frente da multidão, você está seguindo a vontade de alguém. Não gostamos de estar nessa posição. Você verá um Homem Alfa na liderança, e os demais Homens Alfa do grupo buscando serem líderes de algum subgrupo.

Eis um exemplo de como os Alfas dividem a liderança:

- Bob é o Homem Alfa responsável pela apresentação de vendas de seu grupo.
- Jon assume a supervisão das pesquisas.
- Bill fica responsável pela escolha do local e pela administração de eventos.
- Tom cuida da organização das apresentações.

Cada um desses homens trabalhando com Bob não diz que vai trabalhar na área dele. Eles dizem que vão assumir responsabilidade ou administrar suas áreas, assumindo assim a liderança nessas áreas. É um pequeno jogo que fazemos com nós mesmos para que nossos egos aceitem receber ordens. Muitas vezes, nós nos propomos realizar coisas menores a fim de não permitirmos que ninguém nos escale para tarefas que consideramos indignas. Para um Homem Alfa, se você não é o líder, você é a cadela de alguém.

Por que os homens são viciados em trabalho?

Vou fazer uma generalização, mas vou imediatamente defendê-la. As mulheres na sociedade ocidental são julgadas pela aparência. Em nosso mundo, uma mulher esbelta e atraente tem vantagem sobre mulheres que não são. Basta dar uma olhada na televisão, no mundo da música e nas revistas para ver que ainda temos essa crença arcaica de que só existe uma forma de ser atraente.

Nossa sociedade, infelizmente, reforça isso de todas as formas possíveis. Ela também respalda um papel para o homem na nossa cultura. Homens são os caçadores. Eles trazem a comida para todos comerem. Os melhores caçadores são tidos na mais alta conta, enquanto aqueles que não são tão eficientes são punidos e ridicularizados. Para os homens, nossa aparência não importa tanto quanto nossa capacidade de gerar riquezas (a caça moderna). Um homem pode pesar 200 quilos, ter uma verruga de 30 centímetros na testa, mas se for um bilionário, toda *top model* vai desejá-lo, todo cara vai querer ser amigo dele e ele será convidado para todas as festas. Na nossa sociedade, os homens são julgados apenas pela sua capacidade de ganhar dinheiro.

Para nós, ganhar dinheiro não é suficiente; temos de ganhar mais dinheiro do que qualquer um que conhecemos. Não podemos apenas sustentar nossa família. Temos de oferecer mais para nossa família do que qualquer outro homem que conhecemos oferece para a dele. Os homens sempre estão conferindo a ordem hierárquica e sua posição nela em comparação com todos os outros homens que conhecem. Somos viciados em trabalho não porque amamos nosso trabalho (apesar de esse ser o caso para muitos homens), mas porque amamos o dinheiro que nosso trabalho nos traz, o que nos permite oferecer uma qualidade de vida melhor para nossas famílias, o que melhora nossa posição na ordem hierárquica.

Conheço um cara que fica em casa cuidando da filha enquanto a mulher sai para trabalhar. Esse cara é um preguiçoso, e decidiu ficar em casa e cuidar da filha enquanto a mulher traz o sustento da casa. Agora, antes que eu fale algo que a faça explodir, deixe-me fazer algumas considerações.

Acho que toda mulher deve exercer uma profissão se assim o quiser. Acho que as mulheres devem ganhar muito dinheiro com seu trabalho, e não vejo problema em mulheres ganharem mais do que os maridos. Sei que criar uma criança exige bastante trabalho. Além disso, muitas vezes, quando os pais trabalham fora, as mulheres são sobrecarregadas com uma dupla jornada de trabalho.

Entretanto, o cara a que me refiro está no nível mais baixo que posso conceber da cadeia alimentar. Acho repulsivo ele ficar em casa esperando a mulher voltar com seu sustento. Eu pensaria a mesma coisa se fosse a mulher que ficasse em casa e ele saísse para trabalhar? Não, não pensaria. Mas a ideia de que um homem fisicamente capaz deve ganhar o sustento da família está tão inculcada na minha cabeça que não consigo aceitar a situação. Objetivamente, sei que meus sentimentos em relação a isso estão fora de moda e são chauvinistas. Ainda assim, tenho aversão a homens que optam por não prover o sustento de suas famílias.

Por que homens preferem lidar com homens?

Porque não existe drama. Podemos dizer ao outro para se ferrar e ninguém vai chorar. O pior que pode acontecer é um chamar o outro para a briga fora do prédio, esmurrarem-se, ficarem um ano sem se falar e depois um convidar o outro para uma cerveja e voltarem a ganhar dinheiro juntos. Se, ao excluir um colega de um negócio, ele demonstrar fraqueza, ele sabe que vai perder meu respeito e toda possibilidade de futuros negócios comigo. A maioria dos meus clientes é de mulheres, e se quero mais delas digo: "Sei que você pode fazer melhor do que isso porque já vi você fazer. O que precisamos fazer para elevar o nível?". Faço-as saber quais são minhas expectativas em relação a elas e então proponho identificar conjuntamente os erros a fim de corrigi-los. Com os clientes masculinos tenho um tratamento diferente. Um em particular me enviou uma proposta que estava sendo preparada. Minha resposta foi: "Está uma merda. Eles não apenas não te darão o contrato como vão te excluir de qualquer futuro trabalho no país inteiro. Arrume isso e me devolva. Se você achar que ficou uma merda, nem me devolva". Muitas de vocês devem estar pensando que sou um CDF, mas o que importa para um Homem Alfa é saber o que fazer para ganhar de goleada. Ele não se importa com o que não está funcionando. Ele se importa em fazer algo que eleve seu perfil e lhe traga dinheiro. O que estou falando para o meu cliente é que ele vai perder reputação e dinheiro se entregar aquele lixo. Li em algum lugar que amigos caçoam de você para evitar que você passe ridículo perante a sociedade. Sou mais duro com os outros Homens Alfa porque sei que eles podem aguentar as críticas e crescer com elas. Quero que eles provem que eu estou errado.

Quando mulheres gostam de uma avaliação franca, elas deixam os homens desconfortáveis porque não acreditamos que elas querem realmente saber o que estamos pensando. Fiona Walsh, uma das principais gestoras de vendas da minha organização (a que nos referimos como "Treinadora Fantasma de CEO"), é uma treinadora da elite empresarial especializada em vendas. Nós dois estávamos em uma reunião estratégica e discutindo um tópico espinhoso. Ao me perguntar o que eu achava, eu sorri. Ela disse: "Deixe disso, Flett. Sei que você está guardando para você. Fale!". Eu, então, pus a boca no trombone. Falei de tudo que não gostei na ideia, na apresentação, na estratégia, no modelo de lucratividade e na implementação. Ela ficou quieta ouvindo tudo, e eu me preparei para algum tipo de drama. Mas não houve drama. Ele ouviu, refletiu e insistiu em fazer do jeito dela. Ela acabou me provando que ela estava certa; e, mais importante, permitiu que eu tivesse conversas francas com ela a partir de então.

Por que os homens se vangloriam de seus feitos?

Em poucas palavras, vangloriamos-nos em benefício próprio, e não em benefício de outros envolvidos. Os homens se medem pelo que são capazes de fazer, e quando nos vangloriamos estamos na verdade buscando inspiração interior para continuar nos vendo como um campeão que pode realizar o que lhe for pedido. O que muitos homens não admitem é que, quanto mais nos sen-timos inseguros, mais vantagens contamos. Homens se vangloriam de diferentes formas, falando, por exemplo, de suas filiações, casas, férias, carros, contatos e coisas do tipo. Sempre existe um pouco de papo-furado na conversa, mas normalmente somos cautelosos e não vamos longe demais para não corrermos o risco de sermos desmascarados e passarmos por idiotas. Contar vantagem faz parte de nossa interação uns com os outros.

Por que os homens não demonstram suas emoções?

Porque fomos ensinados que isso é sinal de fraqueza. Homem não chora! Ou, quando choramos, raramente iremos admitir. A verdade é que nos emocionamos; apenas não demonstramos. Nossos pais nos levam para um canto e nos dizem para termos duas caras – uma particular quando fora do olhar público e a outra pública, que não demonstra fraqueza.

Por que meus colegas discutem comigo nas reuniões?

Uma das coisas mais frustrantes para um Homem Alfa é uma reunião – só superada pela obrigação de tratar de detalhes. Quando homens discutem com mulheres e uns com os outros em uma reunião, o que eles estão na verdade dizendo é: "Estou frustrado e não quero ficar aqui. Você está se perdendo em detalhes, não chegando ao ponto e desperdiçando meu tempo!". Eles vão tentar apressar a reunião porque não veem sentido em nenhuma reunião com mais de cinco minutos. Os Homens Alfa estão pensando: "Diga-me o que tenho de saber em 30 segundos e deixe-me ir embora!"

Exemplo A: Uma mulher provoca um bate-boca ao dizer:

"Acho que é importante falar sobre como vamos escolher nossos forne-cedores. Precisamos considerar a região, o alcance, a reputação, o preço, e de-talhar os termos do acordo. Assim, temos de decidir como vamos implementar o programa, quem fará isso, como checaremos responsabilidades e quais serão nossas metas".

Exemplo B: Uma mulher recebe total atenção do grupo ao dizer:

"Todos concordamos que no fim das contas seremos líderes de produção. A fim de podermos assumir e manter essa posição no mercado, precisamos tomar importantes decisões para garantir o sucesso em cada estágio. Precisamos decidir sobre os seguintes assuntos – e essas decisões vão determinar se seremos um sucesso ou um fracasso: que fornecedores queremos usar, quem vamos escolher para subir até o topo conosco, que tipo de acordo teremos de fazer para garantir que eles entreguem o que prometerem para nós, e como vamos implementar o programa para garantir que cheguemos ao círculo dos vencedores o mais rápido possível. Deveríamos entrar nos detalhes das metas agora?".

Se homens estão discutindo com você, eles estão frustrados e querem ir embora da reunião. Torne-a relevante, focada nos objetivos e baseada no sucesso.

Por que homens tomam decisões apressadas sem levar em conta todos os detalhes?

Somos orientados pelos objetivos. O resto é apenas barulho. Nós apontamos, preparamos e atiramos. Assistimos a filmes de caubóis quando crianças e vimos que o cara que saca primeiro a arma ganha. O problema é, naturalmente, que muitas vezes erramos (apesar de não admitirmos), mas também temos a vantagem de conseguir negócios porque somos os primeiros a se apresentar. Acredito que os Homens Alfa tomam as melhores decisões possíveis com as informações de que dispõem. Quando conseguem mais informação, eles podem mudar o curso, mas eles não são de ficar esperando para ver como as coisas se desenrolam.

Mulheres, por outro lado, quase sempre ganham de goleada – desde que o jogo seja jogado depois que elas chegaram a uma conclusão. Tive clientes que se prepararam, se prepararam, se prepararam, e então descobriram que o negócio já havia sido entregue para outro. Lembre-se, o grande tira do pequeno e o rápido tira do grande. Se um cara fica esperando que algo se configure totalmente, ele é visto como um fraco e perde o respeito dos outros à sua volta. Você acha que agimos apressadamente antes de ter todos os detalhes; pensamos que temos de agir quando é preciso um líder.

Sendo promovido: assumindo o controle do seu próprio barco

Como superar uma sensação de impotência na minha carreira profissional?

Comece a planejar. Toda mulher deveria ter um plano principal e um Plano B. É assim que os homens administram suas carreiras. O plano principal é o caminho que estamos seguindo. Nossas expectativas são construídas tendo em mente dados e também marcos, para que saibamos que estamos no caminho certo. E temos um Plano B, para o caso de algo sair errado e tivermos de fazer uma mudança radical.

Eis um exemplo do que poderia ser um plano principal e um Plano B para uma contadora.

Plano principal:

"Vou trabalhar duro na minha companhia e aprender tudo que puder sobre contabilidade. Vou fazer cursos, trabalhar com diferentes setores, montar uma rede de contatos de profissionais que me forem indicados, tratar meus clientes com carinho e tentar formar alianças com outros profissionais no setor financeiro. Depois de três anos, terei formado uma forte clientela e vou querer uma boa remuneração. Em cinco anos, vou até os sócios da minha firma, apresento uma proposta de sociedade e tento levar minha carreira para um novo patamar. Tornada sócia, vou constituir família, continuar me dedicando à profissão e tirar um período sabático de dois meses todo ano a fim de escrever a biografia do meu avô".

Plano B:

"Se as coisas não andarem bem na minha companhia e eu reparar que não existe perspectiva de me tornar sócia lá, vou começar a pesquisar outras firmas onde eu possa me encaixar melhor. A rede de contatos que estou montando será útil para isso. No terceiro ano, tomarei uma decisão. Do jeito que vejo as coisas, tenho três opções: ficar nesta firma, mudar para outra ou montar meu próprio negócio. O foco principal deve ser em conseguir clientes e contatos para me garantir não importa o que aconteça. Também vou começar a estudar sobre pequenos negócios para saber o que estou fazendo caso abra minha própria firma".

Como pedir ao meu patrão para me dar mais responsabilidades?

A primeira coisa a fazer é se perguntar se você foi bem-sucedida nas responsabilidades anteriores e demonstrou capacidade de realizar tarefas. Então, avalie se você pode assumir uma carga extra de trabalho. Se a avaliação for positiva nos dois casos, marque uma reunião com seu patrão e diga a ele que você quer assumir novos desafios.

Exemplo:

"Bob, estou animada com o trabalho que assumi para este ano e todos os projetos estão sob controle, dentro do orçamento e do prazo. Estou buscando desafios e gostaria de assumir novas responsabilidades. Com que tipo de projeto eu poderia me envolver para levar meu desempenho para um novo patamar?"

Perceba que primeiro ele tem de saber que você está cumprindo a contento todas as responsabilidades que lhe foram atribuídas (demonstrando sua capacidade de trabalho). Que você quer continuar a realizar coisas (isso mostra que você se concentra em objetivos). Então, você deixa uma pergunta no ar para que ele saiba que você quer um retorno rápido e não ficar esperando a vida inteira por uma resposta. E se você quer mesmo, não aceite um não como resposta. Ele pode te testar para ver se você está sendo séria. Homens Alfa adoram pessoas que se empenham para conseguir o que querem.

Por que homens são mais rápidos do que as mulheres para formar sociedades?

A resposta simples e controvertida é: homens são melhores para trazer negócios na maioria dos setores. Apesar de as mulheres no geral possuírem habilidades maiores necessárias na montagem de negócios, elas frequentemente assumem uma posição secundária frente a um homem dominante. Homens se concentram nos objetivos e, no fim das contas, a pessoa que traz o negócio assume o controle. Meu pai refere-se a isso como a diferença na definição de ética da reciprocidade entre homens e mulheres. Para as mulheres, é: "Trate os outros como você gostaria de ser tratada". A definição para os homens é: "Quem tem o ouro faz as regras".

Para ir direto ao ponto, você se torna um sócio por uma de duas razões: ou você gera muito lucro para a firma e caso você saia haverá um impacto negativo para a companhia, ou você ajuda na imagem da firma e sua saída causaria um efeito negativo.

Nós, homens, somos ensinados que ser coadjuvante significa ser escravo de alguém. Ou você está no topo da cadeia alimentar ou está esperando que alguém lhe atire algumas migalhas. Um homem que não consegue compor par-cerias é um empilhado para os outros homens. Sabemos disso, e tentamos fechar grandes negócios a fim de consolidarmos um lugar à mesa. Mulheres pensam que uma pessoa que consegue produzir sob pressão e apoia as iniciativas da equipe teria provado seu comprometimento e, portanto, deveria receber como recompensa uma oferta de parceria.

Eis uma rápida conta para determinar se você deveria ser considerada para formar uma sociedade:

Pegue seu salário anual. Acrescente os de todos os assistentes ou pessoal de apoio que trabalham com sua carteira de clientes. Então, leve em conta custos de produção (espaço em que trabalha, computadores, telefones, carros da companhia etc). Some todos os itens e, então, diminua o total dos recursos que você gera para a companhia. Você verá o que sobrou. Decida se vale a pena brigar por uma parte dos lucros.

Uma das minhas clientes é advogada de uma grande empresa de Nova York. Ela está na firma há 12 anos e ainda não lhe ofereceram uma parceria. Ela viu colegas homens recebendo oferta de parceria depois de seis anos. Demos uma olhada nos números dela, que eram:

Seu salário	**160 mil dólares**
Salário de seu assistente	**60 mil dólares**
Custos de seu escritório (aproximados)	**12 mil dólares**
Seus gastos (carros/viagens/diárias)	**25 mil dólares**
Recursos gerados por ela	**360 mil dólares**
Lucro da companhia	**103 mil dólares**

Ela tem lucrado para a firma **103 mil** dólares por ano, ou 8.583 mil dólares por mês, o que pode parecer muito para mim e para você, mas sua lucratividade é de apenas 29% sobre suas despesas.

Nos negócios, gostamos de empregados que geram três vezes seus salários. Para ela se enquadrar na equação, ela teria de faturar 480 mil dólares por ano. Ela tem um déficit de 120 mil dólares. Não significa que ela não esteja se empenhando no trabalho. Trata-se, apenas, do ponto de vista masculino, de que não existe razão para ela ganhar também participação nos lucros como sócia faturando tão pouco. Outra coisa a ser considerada é que ela tem atendido maravilhosamente os clientes, mas ela não trouxe um único cliente em 12 anos. Ela tem se ocupado da carteira dos sócios e de colegas. Deixe-me dar-lhe um exemplo dos números de um sócio:

Seu salário	**US$ 600 mil dólares**
Salários de assistentes (3)	**US$ 180 mil dólares**
Custos do escritório (aproximados)	**US$ 30 mil dólares**
Seus gastos (carros/viagens/diárias)	**US$ 120 mil dólares**
Recursos gerados por ele	**US$ 2 milhões e 600 mil dólares**
Lucro da companhia	**US$ 1 milhão 643 mil dólares**

É claro que o salário dele é quase quatro vezes o salário dela e suas despesas são bem maiores. Mas é porque ele está gastando muito tempo trazendo novos clientes, montando redes de contatos e desenvolvendo relacionamentos que trazem mais e mais trabalho. Suas contas estão relacionadas com os trabalhos que ele está trazendo e que são então entregues para associados como minha cliente. Sua lucratividade é de 63%, ou duas vezes a dela. Se ele saísse com seus clientes, haveria um notável impacto financeiro para a firma. Ao contrário da lucratividade dela, de 8.583 por mês, ele gera lucros de US$ 136.916 por mês. Ele está faturando quase 15 vezes mais para a companhia do que ela. Se ela estivesse faturando tanto para a firma, ela deveria ser uma sócia.

Não importa se sua firma está cheia de chauvinistas entre os sócios, se você consegue faturar a ponto de a empresa sentir os efeitos de seus esforços, será oferecida a você uma parceria por uma das duas razões: ou eles reconhecem que você é uma caçadora e pode trazer trabalho, ou eles estão preocupados que você possa sair levando todos os seus clientes e abrir sua própria firma. De qualquer forma, o poder está com você.

Por que sempre treino subordinados que se tornam meus superiores?

Você foi identificada como um jogador que carrega o piano, e os homens são ótimos em encontrar pessoas que nos ajudem a construir o que queremos e em maximizar a contribuição dessas pessoas. A primeira pergunta que faço é: você já se propôs a assumir posições superiores ou está esperando que eles reparem em você e peçam para você se apresentar? Se você ainda não se propôs, o que está esperando? Se você já se apresentou e está sendo preterida, pode haver alguns motivos:

- Você está sendo enterrada.

- A cúpula não teme que você deixe a empresa.

- Eles avaliaram o risco de sua saída e não se preocupam com isso. Você não se posicionou como uma *player* e, portanto, não está sob consideração.

- Se eles têm uma boa treinadora de pessoal (o que é difícil de encontrar e o que não sabemos fazer), por que eles te promoveriam sem serem pressionados? Se eles te promoverem, eles terão de encontrar alguém que faça o seu serviço tão bem quanto você fazia, o que significa mais trabalho para nós. Não nos empolgamos com trabalho extra.

Uma maneira simples de corrigir isso, caso você tenha certeza de que não te enterraram, é conversar com seus superiores e perguntar-lhes o que você precisa fazer para ser promovida. Então, diga-lhes que você quer seguir a orientação deles e montar um sistema de treinamento para você usar e poder treinar, quando promovida, seu substituto.

E uma coisa importante: não entregue a eles esse sistema até ser promovida. Se eles estão querendo te chutar para fora, você pode estar oferecendo a eles um sistema que acabará com a única razão que eles têm para mantê-la. Se você acha que esse é o caso, comece a trabalhar no seu Plano B.

O que é preciso para a mulher ser considerada de maneira equânime nos negócios?

A primeira coisa é respeitar a si mesma e só permitir que interajam contigo pessoas que te respeitam. A segunda coisa é se tornar uma fechadora de negócios. Busque montar negócios para sua firma que revelem sua habilidade de gerar lucros. Ninguém nasce com esse talento (apesar de eu não conseguir pensar em um Homem Alfa que concordasse comigo), portanto, busque mentores para entender como é o processo de se montar negócios. A terceira coisa é agir profissionalmente. Se você quer ser uma vencedora, aja como uma vencedora. A quarta coisa é ter cuidado com quem você anda. Meu pai diz: "Se você quer voar com as águias, não corra com os perus". Você vai adquirir as características das pessoas com quem você convive.

Lembre como os homens definem a ética da reciprocidade. No final das contas, você será julgada pela capacidade que tem de ter sucesso na sua profissão. A quinta coisa que posso mencionar é que vencedores fazem o que perdedores não fazem. Como um Homem Alfa, quero andar com colegas (não importa o sexo) que conseguem fazer seu trabalho.

FAMÍLIA VERSUS CARREIRA OU FAMÍLIA COM CARREIRA: COM OU SEM EQUIPE

Vai pegar mal se eu nao trabalhar nos fins de semana?

Penso que trabalhar nos fins de semana é um exagero, a menos que você esteja montando seu próprio negócio. Não existe justificativa para você não fazer seu trabalho durante a semana. Haverá ocasiões em que você terá de ver um cliente em um fim de semana ou fechar um negócio, mas geralmente homens não ficarão impressionados se você trabalhar no fim de semana; vamos achar que você é ineficiente e precisa dos fins de semana para dar conta do seu serviço.

Por que as mulheres têm de escolher entre ter uma carreira bem-sucedida e ter uma família?

No passado, as mulheres eram forçadas (através da pressão pública) a escolher entre a carreira e a família. Se elas tentavam unir as duas, elas seriam vistas ou como mães relapsas ou como uma pessoa que não conseguia cumprir suas responsabilidades domésticas. As coisas são diferentes agora.

As mulheres têm mais recursos à disposição para ajudar nas suas atividades, e a opinião pública agora enaltece a mulher que assume as duas funções. Quando você decide assumir ambas, sem priorizar uma delas, você pode ter as duas.

Acho que o maior erro que uma mulher pode cometer é assumir as duas sem um plano estabelecido. Colegas minhas dizem: "Vou começar uma família". Eu pergunto a elas: "O que você vai fazer em relação ao seu trabalho?". Elas constantemente respondem: "Eu vou sair em licença-maternidade e o retomo quando voltar".

Isso é um grande erro. Elas estão perdendo o controle da situação e decidiram apenas esperar para ver o que acontece. É brincadeira? Sugiro às mulheres que conheço que planejem como vão manter suas carreiras evoluindo enquanto estiverem grávidas e depois de terem seus filhos. Uma coisa não precisa parar por causa da outra.

Certa vez, uma amiga minha contadora me disse que estava grávida e havia começado a diminuir seu ritmo no trabalho porque sairia de licença em poucos meses e não via sentido em trazer novos clientes. Conversamos logo depois de um agitado período de entrega de declaração de impostos.

Eu disse que ela estava maluca. Aquele era o momento de trazer novos clientes. Ela poderia estabelecer um relacionamento antes de partir e voltar a tempo de fazer o planejamento da declaração do ano seguinte. Vi que ela ainda não tinha considerado essa possibilidade. Posteriormente, depois que ela deu à luz, sugeri que ela sondasse o grupo de mães da creche que frequentava, no caso cerca de 30 mulheres. Perguntei a ela: "O que as mulheres do seu grupo fazem?" Ele respondeu: "Não tenho certeza, mas acho que são apenas mães". Eu disse: "O que elas pensam que você faz?". Ela replicou: "Acho que elas pensam que sou apenas uma mãe".

No fim das contas, a sondagem revelou que havia três chefes de finanças, uma diretora de vendas norte-americana, três advogadas e uma conhecida proprietária de uma companhia de processamento de alimentos.

Todas essas mulheres estavam um pouco deprimidas por estarem fora de seus círculos profissionais. Uma vez que perceberam que tinham algo em comum, além dos bebês, elas começaram a discutir como poderiam fazer negócios juntas uma vez que voltassem às suas atividades. Minha amiga retornou a seu cargo depois de sete meses com mais US$ 325.000 para sua carteira de clientes conseguidos através de seus novos contatos com as mães. Não pense em ter uma família à parte dos negócios. Pense nas oportunidades que podem ser criadas em sua nova posição como mãe.

Minha posição na empresa será negativamente afetada se eu sair em licença-maternidade?

Talvez, vai depender de como você lida com isso. Depois de esperar passar os primeiros três meses, a maioria das mulheres diz a seu patrão que está grávida e quando deve ser o parto. Então, elas comunicam quanto tempo ficarão de licença e vão embora.

Quando você faz isso com seu patrão, no fim das contas você está dizendo: "Estou grávida. Vou sair de licença por quatro meses. Você vai ter de pensar no que fazer com minhas responsabilidades enquanto eu estiver fora. Ache alguém que aceite cobrir minha licença-maternidade. Aí você vai ter de treiná-lo para fazer meu serviço. Então, você vai ter de rezar para ele não ir embora enquanto eu estiver de licença para assumir um emprego fixo em algum outro lugar. Se isso acontecer, você vai ter de encontrar outro empregado temporário para treinar". E por aí vai. Dá para imaginar que o patrão não vai ficar contente? É por isso que alguns patrões respondem dizendo: "Parabéns! Merda. Merda. Merda". É por isso que homens não se animam quando as mulheres saem em licença-maternidade. Isso dá muito trabalho para nós.

Minha recomendação é preparar um plano para que seu patrão consiga mais facilmente cobrir sua ausência. Deixe-me contá-la o que uma cliente fez até contar as novas para o patrão. Depois dos três primeiros meses, ela definiu com seu médico e seu marido a data que ela entraria em licença. Ela então marcou uma conversa com seu patrão em sua firma de contabilidade para falar sobre a gravidez.

Ela disse a ele que se tudo corresse bem ela sairia em licença-maternidade por quatro meses. Ela contou que tinha uma colega em mente para substituí-la, que ela poderia começar a mostrar sua carteira de clientes e o que era preciso fazer para cada cliente. Antes de sair, ela estaria disponível para essa pessoa no caso de qualquer dúvida. Depois de dar à luz, ela planejava retornar gradualmente depois de quatro meses.

Ele começaria a ir um dia por semana e levaria serviço de clientes para casa quando tivesse forças. Ela pretendia comprar um *laptop* e já havia conversado com o departamento de informática para instalarem um *software* que permitiria que ela tivesse acesso aos arquivos da empresa via Internet. Ela comunicaria a seus clientes que estava saindo de licença e apresentaria a eles a pessoas que a substituiriam. Se algum cliente quisesse falar diretamente com ela, ela checaria seus *e-mails* duas vezes por semana e o *voicemail* pelo menos uma vez. Além disso, sua substituta poderia ligar para sua casa das 9 da manhã às 4 da tarde, de segunda a sexta.

Seu patrão olhou para ela e disse: "Obrigado e parabéns!". Ela apareceu com um plano articulado para não deixar a peteca cair em relação a suas responsabilidades e para não dar trabalho. Ela pensou em uma solução e, ainda que não esteja lá pessoalmente, ela estará disponível para qualquer eventualidade. Se mais mulheres agissem assim, não haveria tanta negatividade envolvendo licença-maternidade. Você não pode abandonar suas responsabilidades profissionais quando está grávida e ainda querer ser levada a sério por seus pares. Se você dedicar um tempo à elaboração de um plano, você poderá desfrutar sua gravidez e sua carreira sem colocar nenhuma das duas em risco.

Quando é o melhor momento para começar uma família?

Penso que o melhor momento para você começar uma família e manter sua carreira nos trilhos é quando você provou que é lucrativa. Quando você começa a trazer clientes, fechar grandes negócios ou formar grandes alianças para sua companhia, esse é o momento mais oportuno para você começar a se dedicar à família. Seu valor na firma estará no mais alto nível quando você demonstrar sua capacidade de fechar negócios. Se você tira uma licença para começar sua família e você está apenas carimbando papéis, todo mundo dirá que você é um burocrata e um peso para a firma.

Se você trouxe trabalho, a percepção muda e as pessoas dirão: "Ela está tirando uma licença, mas ela merece. Ela acabou de montar aquela grande carteira de clientes".

Não crie a ideia de que você vai começar sua família e só levará sua carreira a sério quando seus filhos estiverem na escola. Não é assim que funciona. Se você começar a causar problemas depois que tiver filhos, seus colegas sempre estarão receosos de que sua família vai atrapalhar você a fechar negócios. Dê a você mesma o gosto de ser uma promotora de negócios e demonstre para o resto de sua firma que você é capaz de realizar coisas. A questão "se você pode fechar ou não negócios" estará superada. Você vai querer ser vista como uma empreendedora que tem uma família, e não como uma mãe que se equilibra entre compromissos profissionais e responsabilidades familiares. Mesmo que seja um ato de equilibrismo que você domina, não interessa a ninguém como você lida com isso. Tudo que eles precisam saber é que você é capaz de realizar coisas.

É comprometedor falar sobre a família se algum colega levanta o assunto?

Eu não falaria. Apesar de eu contar histórias sobre Jacqui (com a permissão dela), posso contar nos dedos de uma mão quantas vezes eu recebi um colega ou um cliente na minha casa. Sou da opinião de que minha vida particular é particular. Não falo para as pessoas quando é meu aniversário, quando um familiar está doente etc. Tenho as seguintes opiniões:

Ninguém se importa com minha vida a não ser eu mesmo.

A minha vida é um problema só meu.

Percebo que minhas colegas e minhas clientes me falam tudo sobre suas vidas, seus amigos, seu passado, suas relações etc. Tenho de saber essas coisas das clientes que estou treinando, mas muitas vezes fico chocado com quanto elas falam sobre a vida pessoal delas.

Eu tinha uma assistente que trabalhava comigo em Kamloops e eu sabia tudo sobre a vida dela: com quem ela estava saindo, coisas importantes que aconteceram com ela na escola secundária, quem eram suas melhores amigas, como eram os relacionamentos das suas melhores amigas, tudo. Certa vez, eu a questionei: "Por que você fala para todo mundo tudo sobre sua vida pessoal?". Ela respondeu: "Você também fala!".

Eu a desafiei. Perguntei quanto tempo eu estava com a Jacqui, qual era o nome do meu pai, quando era meu aniversário. Ela ficou olhando para mim calada. Então eu disse: "Seus últimos quatro namorados foram Ted, John, Ben e Josh. O nome do seu pai é Kevin. Seu aniversário é 18 de julho".

Por serem grandes comunicadoras, mulheres gostam de conversar com os outros. Quando homens vivem essa situação, o desafio é duplo. Primeiro, fomos ensinados a não mostrar nossas cartas e só dar informação absolutamente necessária. Segundo, homens não entendem por que você falaria sobre coisas pessoais quando você deveria estar falando sobre negócios. Essas são as duas reações que externamos para você, mas eis uma terceira de que não falamos: quanto mais você fala mais difícil é para tomar decisões que podem ser boas para os negócios, o que é ruim para você.

Temos de ser objetivos quando tomamos decisões nos negócios, e queremos que as pessoas sejam objetivas quando tomam decisões em relação a nós. Prefiro ser despedido a ouvir alguém dizendo: "Deixe o Chris ficar. Ele tem família". Todo homem quer estar em um negócio por merecimento, não porque alguém sente pena dele.

Sem ser fria, evite trocar informação pessoal se não houver necessidade. Outras pessoas podem dizer tudo que quiserem, mas mantenha suas cartas escondidas.

RELAÇÕES NO TRABALHO: PERDENDO O RUMO

Tenho de sair para tomar uns drinques depois do trabalho? E se sair, quantos eu deveria tomar?

Aconselho enfaticamente que você não acompanhe toda vez que colegas vão tomar uns drinques depois do trabalho, mas você deveria ir algumas vezes. Se colegas masculinos te convidam para uns drinques com o grupo, significa que eles querem te incluir em um círculo de intimidade.

Homens têm algumas regras em relação à bebida. Primeiro, só bebemos com pessoas de quem gostamos. Segundo, sempre procuramos um jeito de não pagar a conta. Terceiro, se te convidamos para uns drinques, estamos querendo te testar para ver se você se encaixa no grupo e como você se comporta socialmente. Um convite é quase sempre algo positivo, mas você não deve tornar isso um hábito.

Grupos de homens frequentemente saem para uns drinques depois de um grande negócio, nas sextas-feiras, para celebrar um aniversário, ou porque as coisas estão duras e eles estão procurando uma forma de aliviar a tensão.

Recomendo acompanhar na comemoração dos negócios e para aliviar a tensão. Esqueça as bebedeiras das sextas-feiras e, quando for aniversário de alguém, faça uma aparição especial de 15 minutos e então desapareça.

Quando você está bebendo com o grupo, a regra é: não tomar mais do que dois drinques. Acrescente um a mais caso sua constituição permita, e tire um se você tem pouca resistência. Nada irá te destruir mais rapidamente do que ser uma alcoólatra e ser vista embriagada pelos seus colegas, mesmo se eles também estiverem bêbados. Você não quer se tornar motivo de conversas no café na empresa. Já vi muitas carreiras sendo destruídas assim, e as mulheres nem perceberam o efeito que o álcool teve na história.

Agora, parar depois de um, dois ou três drinques pode ser difícil, especialmente devido à pressão dos colegas. Meu truque (nunca tomei mais de três drinques em 24 horas e tenho mais de 100 quilos!) é dar uma escapada depois da primeira rodada, procurar o garçom e dizer a ele para me trazer drinques não alcoólicos que se pareçam com o que eu estava tomando e que pode me cobrar o mesmo que o alcoólico. Isso não é enganação, mentira ou qualquer coisa negativa. Isso permite que você mantenha sua força no ambiente de negócios sem parecer puritano para o grupo.

Se considerar que um colega está sendo injustamente tratado, como devo agir?

Penso que existem momentos em que você deve intervir, especialmente se os direitos humanos de alguém estejam sendo violados. Entretanto, quando você intervier, você tem de estar preparada para ir até o fim. Você não pode intervir parcialmente. Ou você intervém ou não. Se você intervier, não recue! Você tem de ir até o fim.

Tenho visto colegas saírem em defesa de pessoas quando avaliam que elas estão sendo injustiçadas. Normalmente, eles acabam sendo envolvidos e afundam com a pessoa que querem ajudar. Na maioria das vezes, a situação não exige que ninguém intervenha. Se alguém tem problemas por não ter feito algo, você não deveria se envolver. Se alguém é criticado por suas ações, você não deveria se envolver. Se alguém é vítima de abuso físico, mental ou emocional, você deveria intervir sem se colocar em risco. Converse com alguém do departamento de recursos humanos e peça para que sua intervenção (de comunicá-los) seja mantida em segredo. No caso de não existir o departamento, chame a pessoa que está sendo vítima dos abusos a um canto e ofereça conselhos. Deixe que sua integridade seja seu guia, mas não salve alguém apenas pela salvação. Envolva-se apenas se a pessoa não pode se defender e se o tratamento não for merecido.

Que papel a política de grupos tem no sucesso profissional?

A política de grupos dentro de uma empresa influencia fortemente o que ocorre no ambiente de trabalho. O erro que pessoas cometem é de se envolver nessa política. Penso ser importante saber o que está acontecendo, mas você não tem de se envolver para tomar conhecimento. Pense em você mesma como uma observadora, e não como uma participante, e você ficará bem. Lembre-se, para um grupo ganhar, outro tem de perder. Apenas não gosto das chances.

O que devo fazer caso tenha de assumir um lado em uma disputa no trabalho?

Isso remonta à questão da política de grupos no trabalho. Todos os envolvidos querem saber qual é a sua posição e, se você assume um lado, você vai agradar a uns e desagradar a outros. Penso que esse é o momento perfeito para se posicionar acima de intrigas e ficar fora da discussão. Se você disser para o grupo que prefere não se envolver, você vai parecer uma fraca que não assume posições.

Minha estratégia tem sido dizer: "Enquanto vocês brigam para saber quem está certo e quem está errado, vou me concentrar no projeto para que essa discussão menor não nos afunde a todos". Você os fez perceber que estão agindo como crianças e que você, apesar de não criticá-los diretamente, não vai desviar sua atenção do trabalho que tem de ser feito.

O que devo fazer caso me sinta atraída por um colega de trabalho?

Os homens aprendem cedo uma lição em suas carreiras: onde se ganha o pão não se come a carne. Essa é uma forma grosseira de ilustrar uma situação. Namoros no escritório raramente funcionam, e são as mulheres que sempre pagam a conta.

Nós trabalhamos com o prefeito de uma cidade que decidiu dar em cima de uma secretária que confessou estar interessada nele. Eles tiveram um relacionamento, e ela passou de recepcionista a responsável pelo desenvolvimento de projetos em poucos meses. Ele disse que a promoveu porque ela era brilhante e talentosa. Afora isso, o prefeito sabia que ela realizaria bem o trabalho. Eu a conheci, e posso dizer que ele estava certo.

Mas, a partir de então, ela passou a ser alvo de chacota entre todos os outros funcionários e mesmo entre pessoas de outras cidades. Ela não era a responsável pelo desenvolvimento de projetos da cidade, mas a amante do prefeito, que deu um emprego para ela para mantê-la longe de problemas e poder vigiá-la. A vida profissional dela passou a não ter nenhum valor. Eles puseram fim ao relacionamento, e ela saiu da cidade.

Ela se candidatou a empregos em mais de 100 municípios, mas, como era conhecida como a prostituta que dormiu com o patrão para ser promovida, ela não conseguia sequer chegar à etapa da entrevista. A parte mais triste da história é que ninguém tinha nada a ver com o relacionamento deles, e ela era uma ótima profissional. Mas, as pessoas só lembram da "mulher que dormiu com o prefeito". Da última vez que tive notícias, ela havia mudado para o outro lado do país em busca de emprego.

Como o sexo feminino historicamente usou da sedução nos negócios, mulheres que têm relacionamentos no trabalho são vistas como profissionais despreparadas que têm de recorrer a artifícios exógenos para mostrar seu valor. As mulheres não precisam desse desafio extra em suas carreiras. Existe muita gente boa no mundo. Procure fora de seu escritório e mesmo fora do seu ramo de negócios e encontre alguém que não provoque conflito em sua carreira e que não coloque em dúvida sua competência profissional.

Se um colega está com problemas pessoais, como posso respeitosamente oferecer ajuda?

Não ofereça. Não é problema seu. Se você se envolver na vida pessoal dos outros, você não conseguirá interagir com eles objetiva e profissionalmente.

Não ultrapasse os limites! E, quando estiver em dúvida, cuide da sua vida. Você não precisa ter amigos no trabalho. Tenha amigos depois do trabalho e nos fins de semana. As mulheres estragam as relações de trabalho tentando ser amiguinhas dos colegas. Não estou dizendo que você não pode gostar deles ou eles de você, mas essas pessoas não podem ter interesses adquiridos em relação à sua vida e vice-versa. Mantenha-os separados.

Eu já tenho um relacionamento com um colega de trabalho. Como devo agir?

Se ainda não é sério, acabe com ele. Se for sério, um dos dois deveria considerar sair e buscar uma colocação em outra companhia. Você pode achar que é exagero, mas sua relação terá um grande impacto na sua carreira. Ele também sentirá os efeitos, mas não tanto quanto você. Se puder, desista do relacionamento e faça-o jurar manter segredo. Se o relacionamento for com seu patrão, acabe com ele imediatamente (as pessoas vão pensar que você está dormindo com ele para ser promovida). Se for com um subordinado, acabe com o relacionamento imediatamente (pessoas vão achar que você está aproveitando do seu poder). Vai trazer problema.

Se você não concorda comigo e acredita que tudo acabará bem, coloque esta página em uma moldura e volte a lê-la em um mês. Você verá as coisas de modo diferente. Confie em mim, romance no trabalho é o beijo da morte.

Eu devo convidar meu patrão ou colegas para um jantar na minha casa?

Não acredito que você deva cruzar a linha entre seu relacionamento profissional e sua geografia pessoal. Se você quer ter um jantar de negócios, leve-os a seu restaurante favorito. Eu já tive patrões que diziam: "Adoraria conhecer a Jacqui. Devíamos jantar juntos". Eu sorria e falava: "Seria legal". Mas no fundo sabia que isso nunca ocorreria.

Você não vai ganhar nada os recebendo em casa – mas pode perder. Quanto menos seus contatos souberem sobre sua vida pessoal, melhor. Se você é autônoma, acho correto receber clientes para um jantar em sua casa ou convidá-los para um fim de semana em sua casa de férias. Mas, mesmo assim, a linha entre amizade e negócios se torna tênue. Só convide contatos pessoais para sua casa se você tem um objetivo por trás, e estiver preparada para um resultado negativo. Jogue na defensiva e os encontre em território neutro.

Devo convidar um colega para a comemoração do meu aniversário?

Eu não convidaria. Tente manter sua vida pessoal separada da sua vida profissional, especialmente quando houver álcool envolvido. Sugeriria manter seu aniversário para você mesma e guardar as celebrações para amigos pessoais. De novo, seus colegas de negócios devem ficar separados dos seus amigos pessoais.

Devo dar um presente de Natal para o meu patrão?

Só se você foi promovida ou ganhou um grande bônus de fim de ano. Em caso afirmativo, dê a ele uma garrafa de uísque 15 anos. Isso não falha, a menos que ele seja alcoólatra. Nesse caso, você estará encrencada. Se você der um presente só por dar um presente, você vai parecer uma bajuladora. Todo mundo odeia bajuladores, até mesmo o patrão. Se você traz dinheiro ou oportunidades para a companhia, já é presente suficiente porque ele vai dar crédito a isso a portas fechadas.

Por que as mulheres brigam tanto nos negócios?

Acho que as mulheres se pegam porque elas querem entrar na turma dos homens. O que elas não percebem é que não existe uma limitação de espaço para elas junto aos homens. Se você pode concretizar coisas, você pode ter espaço. Mulheres parecem pensar que precisam eliminar umas às outras para poder entrar no time dos grandes caras – e vão à luta. Mas não existe nada de admirável em se digladiar com outra colega, principalmente na frente de todos.

Um grande exemplo de como as mulheres se desentendem ocorreu na série americana *O Aprendiz*. Na primeira temporada, os participantes foram divididos em duas equipes, uma de homens e uma de mulheres. As mulheres estavam acabando com os homens na disputa (porque se concentram no processo). Elas riam e comemoravam e saboreavam os frutos do esforço coletivo.

Então, já que homens demais haviam sido eliminados, o programa teve de reestruturar as equipes. E, como em um passe de mágica, a irmandade entre as mulheres acabou, e elas começaram a lutar para os homens aceitá-las. Elas começaram a se atacar verbalmente, e os homens apenas se afastaram e deixaram-nas se devorar. Os dois finalistas foram homens.

O maior inimigo das mulheres nos negócios são as próprias mulheres. Os homens sabem disso e sorrateiramente saem do caminho e deixam-nas se arrancarem os cabelos. Mulheres que brigam com as outras no espaço de trabalho prestam um grande desserviço à classe e minam sua integridade e reputação nos negócios. Lembre-se, você não está competindo pela última cadeira na mesa do jantar. Se você pode concretizar coisas, eles vão achar uma cadeira para você.

ADMINISTRANDO O EMOCIONAL: A MARÉ SOBE

O que devo fazer se me der vontade de chorar?

A primeira coisa a fazer é pedir licença e ir ao banheiro. Se você quer chorar, chore. Externar suas emoções em um ambiente de trabalho não é errado, mas, dependendo da situação, pessoas podem achar que você não consegue se controlar. Os homens não sabem como reagir quando as mulheres pedem licença. Pensamos tratar-se de "coisas de mulher" e fingimos que nunca ocorreu nada. Se as lágrimas começarem a rolar, não peça desculpas! Você não tem de explicar nada a ninguém. Apenas peça licença e diga que voltará logo.

Já vi homens tão irritados em reuniões que chegaram à beira das lágrimas. Em quase todos os casos, tanto para homens quanto para mulheres, as emoções solapam a razão quando a pessoa leva algo para o lado pessoal. Se você sentir que está prestes a chorar, afaste-se mentalmente da situação e raciocine: "No quadro geral da minha carreira, isso é como o fim de um namoro?". Se for, então peça licença e deixe as lágrimas rolarem.

Minha impressão é que se trata de um evento que no momento específico tem uma forte carga emocional, mas no quadro geral ele é menor. E repita comigo: não leve situações para o lado pessoal! Não há nada de pessoal, são negócios. E, se você chorar, é leite derramado. Não se prenda a isso. Se ocorrer, mantenha o passo!

O que o homem teme nos negócios?

Os homens têm os mesmos medos, se não mais, que as mulheres nos negócios. Eis os 12 medos mais comuns que temos, mas não admitimos:

1. Sermos considerados o elo fraco.

2. Parceiros acharem que não conseguiremos cumprir nossa tarefa.

3. Sermos considerados um charlatão.

4. Decepcionarmos nossos mentores.

5. Sermos pobres.

6. Sermos despedidos.

7. Sermos vistos como truculentos ou como um homem que assedia sexualmente mulheres.

8. Envergonharmos nossos pais e mulheres.

9. Não termos controle sobre os resultados.

10. Pessoas nos ridicularizarem pelas costas.

11. Descobrirem que às vezes encenamos confiança.

12. Perdermos tempo com coisas que menores (queremos fazer coisas que as pessoas lembrem e sobre as quais falem no futuro).

NAVEGANDO NAS ÁGUAS DO POLITICAMENTE CORRETO

É certo eu deixar um homem abrir a porta para mim em um ambiente profissional?

Claro, claro, claro. Você não está abrindo mão de sua força ao permitir que um homem seja um cavalheiro. Com o domínio do feminismo nas últimas duas décadas, os homens acabam ficando inseguros em praticar todas aquelas boas maneiras que nossas mães nos ensinaram. Se um homem quiser abrir a porta para você, puxar a cadeira para você se sentar, ficar no lado da rua quando andarem juntos, não há problemas. Ele vai deixar a mãe orgulhosa e terá reforçado nele o sentimento de que você merece respeito.

Devo explicar qual e minha posicao na firma se um cliente achar que sou uma secretaria?

Faça isso sem envergonhá-lo. Homens fazem suposições que depois lamentam. Portanto, permita-nos que nos corrijamos graciosamente e vamos agradecê-la por isso. Muitas das minhas clientes são confundidas em uma sala cheia de homens com uma secretária ou uma assistente de advogado.

Uma forma de evitar isso é se apresentar imediatamente e informar seu cargo. "Oi. Meu nome é Lisa MacKay, e sou uma das responsáveis pelos litígios comerciais do grupo." Isso fará com que todos na sala entendam que você é advogada.

Se o erro já foi cometido, conserte-o rapidamente.

Homem: "Por favor. Poderia me trazer uma xícara de café?"

Você: "Claro. Deixe-me pedir para um de meus assistentes, e ele vai rapidamente te arrumar".

Você está dando oportunidade para ele livrar a cara sem ter de assumir que se enganou. Isso denota classe, e ele vai se lembrar disso.

O que devo fazer se um colega homem me tratar como uma secretária?

Chame um assistente e passe para ele. Diga: "Jon precisa de ajuda. Você daria atenção a ele por mim, por favor?". A pior coisa que você pode fazer é assumir o papel. Será uma boa oportunidade para você estabelecer limites, mostrar que não é uma empilhada e que tem o mesmo nível dele. Da próxima vez, ele vai chamar o pessoal de apoio. Alguns homens farão isso só para ver como você reage. Não entre no jogo.

Quando no grupo há homens e mulheres, quem deve pagar a conta?

Depende da situação. Para mim, deve pagar ou a pessoa que fez o convite ou a pessoa que mais se beneficiou do encontro ou a pessoa de mais alta posição na mesa.

Se você apenas saiu para almoçar com colegas durante uma sessão de planejamento, pague sua parte. Se for um almoço de negócios e você se beneficia almoçando com eles (ou seja, você está buscando ideias, coletando informações, avaliando oportunidades ou delegando trabalho), assuma a conta. Quando em dúvida, pague as despesas. Ninguém gosta de gente mesquinha!

Se você está com um cliente que sempre pega a conta na frente ou com seu chefe que faz a mesma coisa, peça licença para ir ao toalete e dê seu cartão de crédito para o garçom. Quando voltar, assine a nota do cartão e volte para a mesa. Quando as pessoas estiverem prontas para sair e seu chefe ou cliente pedir a conta, diga que você já cuidou dela e que foi um prazer almoçar com ele. Eles ficarão impressionados de você ter cuidado de tudo sem que eles percebessem.

INDELICADEZAS: EVITANDO MORDIDAS DE TUBARÃO

O que devo fazer se um homem levantar a voz para mim em uma reunião?

A melhor estratégia é baixar o tom da sua voz quando você falar com ele.

Quando um homem fica agitado e busca uma guerra verbal, ele precisa ouvir o que você está dizendo para poder contestá-la. Quando você baixa o tom, ele não poderá falar alto senão não conseguirá escutá-la.

Quando perceber que está gritando ou falando alto demais, ele ficará preocupado que as pessoas pensem que ele está perdendo o controle, e isso é algo que os homens não querem que pensem deles. Não aconselho a você falar como se estivesse amedrontada ou intimidada. Apenas fale como falaria em uma biblioteca. Quando ele começar a baixar o volume, você pode voltar ao seu tom normal. Esse é um truque que funciona maravilhosamente bem.

O que devo fazer se um homem diz algo ofensivo?

A primeira coisa é não rir e não deixar passar em branco. Olhe para ele como se dizendo: "Por favor, diga que você não disse o que eu acho que você acabou de dizer". Depois que ele fizer a declaração ofensiva, diga que você gostaria de conversar em particular com ele depois da reunião ou (se ocorreu fora de uma reunião) o mais rápido possível.

Quando você disser isso para ele, ele vai se sentir como o garoto de quatro anos que, depois de dar um *show* em uma loja, ouviu da mãe que eles terão uma conversa quando voltarem para o carro. Se você levantar o assunto em público, ele vai ficar embaraçado e vai tentar te enterrar.

Em particular, diga a ele que o comentário podia ser considerado ofensivo e que você queria que ele entendesse que certos comentários podem ganhar uma conotação diferente em um grupo misto de homens e mulheres. Não diga que ele errou! Em vez disso, converse como se estivesse querendo mostrar a ele o ponto de vista feminino da questão. Homens muitas vezes dizem coisas sem pensar em como serão recebidas pelo sexo oposto. Já que não são grandes coisas para os homens, acreditamos que não sejam grandes coisas para ninguém.

Certa vez, eu discursava em uma festa de noivado e disse: "Via de regra[7], vocês vão querer...". Continuei com meu discurso e no fim uma idosa me puxou para o canto e disse: "Queria compartilhar algo com você que ouvi em sua apre-sentação. Você usou a expressão *"rule of thumb"*. Isso se refere a uma antiga lei inglesa do século 17 que permitia aos homens baterem em suas mulheres com uma vara não mais grossa do que seu dedo. Sei que você não teve intenção de dizer isso, e a maioria da audiência pode desconhecer a origem da expressão, mas eu quero compartilhar isso com você como um pequeno presente meu para você".

Fiquei chocado e grato ao mesmo tempo. Não sabia a origem do termo, e agora não o uso mais por saber do impacto que pode causar em pessoas.

É importante lembrar que não se deve deixar passar comentários do tipo sem confrontá-los. Você tem a responsabilidade com seus colegas homens e, mais importante, com suas colegas mulheres de garantir que a linguagem no espaço dos negócios seja sempre positiva, enaltecedora e não ofensiva. Se você permitir aqueles comentários, você estará prestando um desserviço, tanto quanto a pessoa que os faz.

O que devo fazer se um homem faz um comentário ofensivo diretamente para mim?

Deixe claro que você precisa ter uma conversa em particular com ele depois da situação. Quando estiver frente a frente com ele, diga que é para ele nunca

---

[7] No original em inglês, *rule of thumb*, que em tradução literal significa "regra do dedo".

mais falar com você daquele jeito e saia. Não se explique; não fale por que ele foi ofensivo. Simplesmente mostre que ele ultrapassou os limites com você e isso é inaceitável.

Você não está dizendo que o que ele falou é errado; está apenas afirmando que o que ele falou é inaceitável. Se você tentar explicar por que foi ofensivo, você se abre para o debate sobre se você não está sendo sensível demais, se não está levando para o lado errado, entendendo mal o comentário etc. Não comece uma discussão. Deixe-o saber que ele ultrapassou os limites e que você não tolera isso.

Tive uma cliente em São Francisco que trabalhava em um setor da indústria dominado pelos homens. Ele tinha uma alta posição, e seu patrão, que tinha o pavio curto, disse para ela depois de uma crítica: "Não queria ficar tão irritado, é que às vezes você me lembra minha mulher, não me escuta". Minha cliente ficou chocada e, depois de alguns minutos, quando controlou a emoção, ela o chamou e disse que eles precisavam ter uma conversa em particular. A primeira reação dele foi perguntar: "Por quê? O que está errado?". Ela entrou na sala dele e disse: "Nunca mais fale daquele jeito comigo. Você ultrapassou limites e não me sinto bem". Ela saiu da sala e foi para a mesa dela. Desde então, ela não teve mais problemas com ele. Você não precisa fazê-lo se sentir equivocado para garantir que seus limites sejam respeitados.

O que devo fazer se um homem fica agressivo?

Você deve pegar suas coisas, dizer que a situação não está levando a lugar nenhum, que você gostaria de dar algum tempo para ele reconsiderar sua posição e então sair.

Se existe algo que os Homens Alfa dominantes temem é serem vistos como truculentos com as mulheres e ganharem a fama de se comportarem mal. A reputação é vital para nós, e a maioria de nós quer ser vista como um tubarão focado na busca incansável do sucesso. Nenhum de nós quer ser visto como um homem que usa de intimidação para conseguir o que ambiciona. Enquanto você se mantiver no ambiente, você estará dando espaço para ele agir inconvenien-temente.

Ao mostrar que você não compactuará com tal situação, ele vai perceber que ultrapassou os limites e que agiu de forma inaceitável para você. Não é preciso explicar que você está saindo devido à agressividade dele. Você pode conduzir a conversa para a questão dos objetivos, dizendo avaliar que eles não serão alcançados naquela reunião. Ele não poderá brigar se você não estiver lá.

A pior coisa que você pode fazer é enfrentá-lo. Se você perder, ele vai pensar que você é fraca. Se você ganhar, ele vai procurar um jeito de enterrá-la. Se você sair, você vai controlar o ambiente, que é mais do que a situação que ele tentava dominar.

Qual e a melhor forma de lembrar um homem das promessas profissionais que ele fez?

Homens são mestres em se comprometer com um monte de coisas, mas somos os reis da procrastinação. Estamos tão ocupados em busca de objetivos que muitas vezes nos esquecemos das promessas que fizemos para os outros. Isso acontece quase sempre com as mulheres, já que não é comum homens pedirem favores a homens. Quando pedimos um favor a outro homem, trata-se normalmente de um grande favor. A forma mais simples de fazer um homem cumprir sua promessa é lembrá-lo do compromisso e, se puder, já adiantar o que ele deve fazer. Eis um exemplo:

Um colega prometeu escrever uma carta de apoio a você em vista de uma promoção. O prazo está acabando e você ainda não recebeu nada da parte dele. Melhor do que ficar brava por ele não ter honrado o compromisso, mande um *e-mail* para ele dizendo mais ou menos assim:

Oi, Chris, espero que esteja tudo bem com você. Fiquei realmente grata quando você disse que escreveria uma carta me recomendando para a promoção a gerente de marca. Sei que você é muito ocupado e que tempo vale ouro. Como o prazo de entrega do pedido é até sexta-feira e eu gostaria de incluir sua carta, você se importaria se eu preparasse uma para você revisar, ao invés de ter de escrever uma do zero? Assim, você falaria exatamente aquilo que preciso que você diga, você garantiria que só falaria o que quer e isso tomaria muito pouco do seu tempo. Se você concordar, mando algo para você à tarde.

Abraços,
Anne.

Você o lembrou de que a promessa dele é importante para você, identificou a meta (ter a carta na sexta-feira) e ofereceu um empurrão (assim ele não tem de se preocupar com detalhes). Essa é a melhor maneira de fazê-lo cumprir a promessa.

Se você preferir dizer que ele não cumpriu a promessa e que você exige que ele mantenha a palavra, prepare-se para ser enterrada. Nossa palavra é nossa obrigação, e fomos ensinados a honrar nossa palavra. Apesar de você perceber a situação como ele quebrando uma promessa, ele vai dizer que se tratou de um descuido em relação a algo menor. Essas são pequenas mentiras que dizemos a nós mesmos para preservar nossa honra. Questione a palavra de um homem e ele vai te fuzilar.

Se quiser sugerir a um colega como fazer melhor certa coisa, como deveria fazê-lo?

Meu primeiro conselho é... não faça isso. Assim que você fizer a sugestão, ele vai entender como uma crítica e vai querer te fuzilar. Se, entretanto, o resultado da ação dele te afeta (ou seja, em relação ao objetivo de uma equipe, a um bônus etc.), você tem duas opções: (1) comece a desenvolver uma estratégia alternativa que você possa usar quando o projeto chegar a um ponto de não retorno, ou (2) faça sugestões sobre como a equipe pode ajudar o líder a fazer mais facilmente seu trabalho (tirando a responsabilidade dele com seu consentimento ao invés de tentar arrancar dele).

Eis como implementar a primeira opção:

Considere qual é o objetivo e retroceda a partir dele para desenvolver sua estratégia. Veja como o projeto está caminhando e o que você acha que está errado na forma de trabalho do seu colega. O que você faria diferente? Por que você acha que o projeto está fora dos trilhos? A apresentação é ruim? É a pessoa errada que está contatando o cliente? Você está oferecendo o produto ou o serviço errado? Quais os desafios a serem enfrentados seguindo o caminho planejado? O que você faria diferente? Se você tem confiança no método de ação que propôs, comece a implementá-lo.

Construa seu projeto paralelo, sua estratégia e seu plano de desenvolvimento. Então, espere uma oportunidade para compartilhá-los com a equipe. Não diga: "Não estou muito confortável com o andamento do projeto e desenvolvi uma nova estratégia". Isso irá irritar todos os homens do grupo e fazê-los querer te engolir porque seria embaraçoso para o homem na liderança.

Em vez disso, sugiro que diga: "Tenho feito muita pesquisa para me familiarizar com esse projeto, e pensei em ideias que pudessem garantir que fechássemos esse negócio (declaração de objetivo). Acho que temos uma bela estrutura montada, e gostaria de compartilhar algumas estratégias adicionais se todos estiverem interessados".

Agora chegou o momento da verdade. Se o resto do grupo também sente que o trem está fora dos trilhos, eles vão querer explorar vigorosamente suas ideias. Entretanto, se todos pensarem que as coisas vão bem, ofereça sua estra-tégia para o cara responsável pelo projeto ou para seu supervisor imediato. Você terá registrado uma proposta de mudança de curso, e se o projeto fracassar, será vista como o canário da mina que viu o perigo antes dos outros.

Agora, se a segunda sugestão soa melhor para você, eis como desenvolvê-la.

Diga à equipe quando ela estiver reunida: "Estou animada com o andamento do projeto. Acho que o Bob está fazendo um grande trabalho na gerência dessa conta. Estou muito interessada em assumir mais responsabilidades no pro-jeto para tirar algum peso das suas costas para que ele possa se concentrar nas questões maiores. Vamos ver o que cada um pode acrescentar ao projeto para garantir que atinjamos nosso objetivo. Bob, em que a equipe pode te dar uma mão?". Agora, se você avaliou onde estão os desafios, sugira uma ajuda nessas áreas.

E, muito importante: Não discuta essa estratégia com ninguém.

Repetindo: Não discuta essa estratégia com ninguém! Trata-se de uma conspira-ção, ela vai ser percebida cedo ou tarde, e se aquele cara ainda estiver no pedaço, ele vai se sentir um idiota e vai querer vingança profissional. O pior é que ele vai te enterrar e você só vai perceber o que aconteceu talvez depois de anos. Se você levantar o assunto com outros colegas, a situação se transformará em um motim e os outros homens considerarão uma desonestidade e uma des-lealdade da sua parte. Mesmo os caras que estão do seu lado não confiarão mais em você por temerem que você fará o mesmo com eles.

TOMADAS HOSTIS E HOSTILIDADES GERAIS: NAVIOS DE GUERRA

Por que colegas homens assumem crédito pelo meu trabalho?

Se colegas homens estão assumindo crédito por trabalho que você fez, é um claro sinal de que eles estão totalmente inseguros em relação à capacidade deles nos negócios. Homens fortes adoram falar das pessoas que fazem negócios junto com eles; os fracos procuram onde poderão assumir o crédito que cabe a outros porque eles sabem que não estão dando a contribuição devida ou a que as pessoas esperavam deles.

Quando um colega homem assume crédito pelo meu trabalho, o que devo fazer?

A primeira coisa é manter a calma. Você acaba de ser colocada em uma forte posição. Ele sabe que você sabe que ele é um medíocre. Ademais, ele assumiu crédito por algo que ele não sabe fazer. Se você fizer o jogo certo, você o terá em suas mãos. Se você disputar o crédito na frente de colegas, você será considerada perigosa e estará no topo da lista de todos os homens das candidatas a serem enterradas.

Recomendo um caminho mais estratégico e benéfico. Você tem duas opções. A primeira é enterrá-lo fazendo perguntas em tom de curiosidade (não de julgamento) sobre detalhes de como ele desenvolveu a estratégia. "Bob, você poderia me dar um pouco mais de detalhes sobre como você conquistou aquela conta e os passos que deu até o sucesso?"

Como não possui a informação, ele vai atrapalhar-se, as pessoas no grupo verão que ele é um medíocre e vão questionar sua credibilidade. Assim, você demarcou o terreno, e ele vai saber que você o está bombardeando porque só vocês dois sabem dos detalhes. Só faça isso se estiver preparada para ir até o fim.

Sua segunda opção, que eu recomendo, é deixar passar e aguardar uma oportunidade para dar o troco. Se ele assumiu o crédito por uma parte de um projeto maior, você acabou se tornando uma peça muito valiosa na engrenagem do processo, e ele precisará de você para a próxima etapa. Encontre-se com ele e diga: "Estou animada com o andamento desse projeto, mas não estou certa se meu envolvimento está sendo um avanço para a minha carreira. Estou pensando em me concentrar em outros projetos onde minha capacidade de liderança possa realmente ser destacada. Gostaria de ouvir sua opinião a respeito". Você comunicou a ele que está prestes a abandonar o projeto no momento mais delicado e deixar que ele assuma a liderança, já que ele parece gostar de dizer a todos sobre suas habilidades.

Agora, ele tem duas saídas: concordar com você e deixá-la passar para outra equipe enquanto tenta descobrir outro que ele possa explorar, ou colocá-la em destaque para você receber o reconhecimento merecido e mantê-la no jogo. Se você sair e o projeto afundar, as pessoas saberão que você era a verdadeira líder. Se ele começar a elogiar suas capacidades perante todos, você está conseguindo o reconhecimento que merece. De qualquer forma, você ganha.

O que faço se um colega me rouba um cliente?

Resposta de um Homem Alfa: cuide dos seus clientes, e eles não serão roubados de você. Se seus clientes estão sendo tomados por um colega, ou você não deixou claro para os seus clientes que você é o contato deles, ou você permitiu que seu colega fizesse trabalho que você deveria ter feito, ou você não instilou confiança em seus clientes a ponto de eles confiarem em você e sentirem que você tem a confiança deles, ou o cara é simplesmente um cafajeste. Homens Alfa gostam de conseguir o que querem porque adoramos decidir pegar algo e então pegá-lo.

Do ponto de vista profissional, é importante que o cliente nunca saiba que existe um conflito. Eu teria uma reunião com o colega e o questionaria. Quando ele se fizer de bobo (o que sem dúvida fará), eu diria: "Escute, nós dois estamos jogando no mesmo time. Vamos respeitar a carteira de clientes um do outro para que possamos nos concentrar em trazer novos clientes, em vez de ficarmos roubando clientes um do outro. Sei que não foi sua intenção, portanto, vamos estabelecer algumas regras. Vamos definir que quando temos um cliente, ele continua nosso cliente. O que você acha?"

Você não o está acusando, mas está mostrando que sabe que ele roubou clientes seus e, a menos que queira passar o resto do tempo defendendo os clientes dele, é melhor se considerar advertido. É uma reação forte, respeitosa e você mostra a ele que você não é nenhuma bobalhona.

Mas voltemos ao óbvio. Quando surge um cliente, diga a ele que você será o fio condutor dele com a firma. Nesse sentido, independentemente de quem estiver trabalhando com a pasta, a responsabilidade é sua. Faça seus clientes saberem que você estará sempre em busca do que for o melhor para os interesses deles e eles começarão a desenvolver uma relação de confiança com você.

O que faço se um colega declara guerra contra mim?

Chame-o para um canto o mais rápido possível e diga: "Entendo que existe um atrito entre nós. Quero colocar tudo em pratos limpos para que qualquer problema que haja entre nós não atrapalhe nosso sucesso. Vamos discutir o problema e procurar formas de lidar com ele discretamente e sem que passemos por tolos".

Colocando a situação dessa forma, você vai lembrar à pessoa que sabotar colegas é falta de profissionalismo e, caso a situação continue, os dois vão parecer ridículos perante os outros. Se ele aceitar o desafio, busque primeiro entender e depois ser entendida. Não saia da reunião até que tudo esteja esclarecido. Se a pessoa não tiver nada a dizer, considere o assunto encerrado. Se surgir qualquer coisa nova envolvendo a situação, prepara-se para a batalha e enterre-o. Se você avisou e ele ainda quer te detonar, vá à luta.

Eu fazia negócios poucos anos atrás com um colega, Bill, mas decidi não incluí-lo em um acordo que eu articulava. Ele ficou irado e passou a dizer às pessoas que eu não estava respeitando compromissos assumidos com ele (leia-se: não estava mantendo minha palavra).

Eu o chamei para uma reunião e perguntei qual era o problema. Ele disse: "A gente se uniu para explorar junto esse mercado, e você montou um negócio sem mim. Você não manteve seu lado do acordo!". Eu respondi, dizendo que o cliente conhecia a empresa na qual ele trabalhava antes e que tinha tido uma má experiência com eles. Expliquei que, quando levantei o nome dele, e seu histórico, o cliente me deu instruções explícitas para não envolvê-lo no negócio. Afora isso, eu também o lembrei que só o envolveria em negócios se fosse bom para o cliente. Se ele não se encaixava, ele ficava de fora.

Ele disse que eu deveria ter me esforçado mais para colocá-lo no negócio.

Então, ele me irritou querendo me ensinar como se fecha um negócio. Em vez de confrontá-lo, preferi dizer que eu tinha feito o que era melhor para o cliente e que deveríamos encerrar o assunto. Eu acrescentei que, se ele continuasse a pegar no meu pé, não seria bom para ninguém e que era melhor virarmos a página.

Uma semana depois, encontrei-me com um contato comum que me disse que Bill tinha dito que eu o havia lesado em um negócio. Comecei a perder a paciência, mas pensei que a conversa entre os dois poderia ter ocorrido antes do nosso papo. Bem, ele havia dito aquilo no dia anterior, o que me fez concluir que ele continuava equivocado. Decidi enterrá-lo. Mandei então o *e-mail* a seguir para os meus contatos:

> Oi, todos. Eu queria deixar bem claro que Think Thank e ACME Company não têm um relacionamento formal nem existe atualmente qualquer aliança entre elas. As duas companhias operam com autonomia própria. Bill Smith é um grande assessor financeiro, mas devido a circunstâncias que fogem ao meu controle, não posso mais endossar seus serviços. Ainda assim desejo a ele todo o sucesso no futuro.
>
> Atenciosamente,
>
> Chris.

Quais são minhas opções se eu for enterrada?

Opção 1: Encontre outra oportunidade de negócio. Se você foi enterrada em sua companhia, você vai sentir os efeitos por muito tempo. Se eu fosse enterrado, procuraria uma nova oportunidade caso não acreditasse que conseguiria acumular força. Mulheres que experimentam isso em uma companhia deveriam começar a formular um Plano B e tentar mudar para outra empresa.

Opção 2: Acumular força. Uma maneira segura de se vacinar contra um potencial ataque, ou resistir a um ataque, é acumulando força. Você pode fazer isso conseguindo pessoas para sua rede de contato que sejam mais poderosas do que a pessoa tentando te enterrar.

Agora, isso às vezes é complicado porque pode não ficar claro quem está tentando te enterrar, portanto você vai ter de conseguir grandes talentos para sua rede de contatos. Lembre-se, para os homens acesso a pessoas é uma ferramenta poderosa. A segunda maneira de acumular força é aumentando sua lucratividade. A única coisa mais poderosa do que a reputação é a capacidade de gerar riquezas. Existem muito poucas pessoas que são geradoras no mundo dos negócios. Quando você se torna uma, você sobe dez estágios no conceito das pessoas. (Se você é um gerador, você traça seu caminho nos negócios.)

Lembre-se, você é ou o motorista ou o passageiro em sua vida profissional. Decidir não levar sua carreira para o nível superior pode custar mais do que você pensa. O enterro só é efetivo se você vive com suas consequências, em vez de dar passos concretos para ficar imune a tal ataque.

CONQUISTANDO RESPEITO: RECEBENDO SUA FAIXA

O que faz os homens respeitarem suas colegas de trabalho?

- A capacidade de promover e fechar negócios – Este é o motivo principal. No fim das contas, os caçadores ficam com as honras e são recebidos à mesa. Seja uma Geradora.

- O cumprimento das promessas – É muito importante para os homens que uma pessoa mantenha a palavra. Manter a palavra é uma moeda de troca que tem muito valor para nós.

- Ser profissional e confiável sob pressão – Todos conseguem produzir quando tudo está perfeito, mas uma profissional é avaliada pela forma como age quando jogam barro no ventilador. Ela assume o controle da situação ou se descontrola? Se você se mantiver serena e forte e confiante durante uma crise, você ganhará o maior respeito de seus colegas homens.

- Honrar e apreciar o estabelecimento de metas – Como os homens são motivados pelos objetivos, isso é algo que respeitamos nos outros profissionais. Eu pessoalmente me alegro com a oportunidade de trabalhar com mulheres que têm prazer em definir objetivos e então persegui-los. Isso é algo que compartilho com todos os homens que conheço.

- Ter personalidade forte e não ser uma bobalhona – Se você é uma empilhada, você não ganhará respeito de nenhum de seus colegas homens.

Se você deixa que as pessoas a tratem com desrespeito, sejam indelicadas e permite que joguem trabalho para você, não vamos respeitá-la. Nós iremos é encontrar formas de jogar mais trabalho para você.

- Não ter medo de assumir riscos – Mulheres têm a reputação de terem aversão a risco. Muitas afirmam que isso é ser responsável. Risco é parte inerente dos negócios, e se você tem aversão a isso, você vai ser colocada no final da fila. O bom de as mulheres se concentrarem no processo é que é possível minimizar os riscos, mas, ainda assim, a tendência é de você ir para o limbo. Uma cliente minha é absolutamente destemida quando se trata de ligar para o CEO de uma companhia com a qual ela quer trabalhar. Eu respeito imensamente isso nela.

- Ser leal – Acho que os homens adquiriram isso da mentalidade militar (mesmo que não tenham servido). "Lealdade acima de tudo, nunca deixe um homem para trás". Desejamos profundamente ser considerados leais e ter a lealdade daqueles que nos cercam. A maneira mais fácil de alguém ser enterrado por mim é traindo minha confiança. Quando você fala mal de outras pessoas, faz críticas ou compartilha informação que deveria ser mantida sigilosa, você não está sendo leal e você será enterrada. Se você for leal nos negócios, você vai ganhar a confiança de seus colegas e será tida em alta conta.

- Honestidade – Apesar de algumas vezes ser difícil aceitar a honestidade, qualquer pessoa de caráter vai respeitar quem seja honesto, mesmo que isso venha a ser prejudicial para ela.

- Integridade e ética – No novo paradigma emergindo nos negócios, todos os profissionais procuram por níveis superiores de integridade e ética. Integridade vai te fazer avançar nos círculos de negócios porque as pesso-as saberão que você não vai querer prejudicá-las.

- Ter uma poderosa rede de contatos a seu dispor – Lembre-se, você não precisa saber de tudo; você só tem de ter acesso às pessoas que sabem fazer tudo. Sua rede de contatos é o seu bem mais valioso e respeitado nos negócios. Se você tem uma poderosa rede de contatos, isso mostra a seus colegas homens que você é um *player* e tem acesso às pessoas de que precisa para concretizar os negócios que quiser.

Essas são 10 áreas sobre as quais você tem completo controle. Anote essa lista e se concentre em desenvolver cada uma delas na sua vida profissional. Independentemente do sexo, essas são características importantes para todos os profissionais.

EPÍLOGO

O presente livro é apenas o começo de uma discussão que há muito já deveria ter sido travada. Comecei a escrevê-lo em 2002. Minha primeira intenção era elaborar um manual para clientes lerem antes de trabalhar comigo. As mesmas perguntas eram constantemente levantadas em reuniões, e pensei que, se eles tivessem algo para ler, poderíamos passar mais rapidamente para as estratégias de negócios. Lembro-me de ter falado para amigos que eu estava escrevendo um livro para clientes, e eles torceram o nariz. Alguns me disseram: "Você foi um fiasco na escola, que diabos você vai escrever?". Também falaram que todos já sabiam sobre o que eu queria escrever e que ninguém publicaria o livro. E esses foram comentários de amigos. Eles não me abalaram, entretanto. Uma vez que eu fixo minha mente em algum projeto, eu o concluo, principalmente se tiver dito às pessoas que eu concluiria. Fui então até o La Mascotte, um dos meus restaurantes favoritos na minha vizinhança, Kitsilano. Sentei-me com meu *notebook* e uma caneta e comecei pela capa. Que diabos eu ia dizer? O que interessaria às pessoas ler? Então me deu um estalo. Este livro não era a respeito delas, nem de mim, nem de qualquer outra coisa. Era a respeito de acender uma luz e compartilhar algo que de outra forma ainda não havia sido vislumbrado.

Busquei inspiração para o meu livro. Imaginei que se a mulher que eu amo, fosse minha esposa, mãe, irmã ou amiga, estivesse prestes a entrar para o mundo dos negócios e esse livro fosse meu conselho para ela, o que eu diria? Como poderia compartilhar com ela todas as coisas que testemunhei, que desconstruí, que analisei e interpretei em todos meus anos nos negócios? Que informação permitiria que ela trabalhasse mais facilmente com Alfas e fosse autêntica, sincera e poderosa nos negócios? Nesse livro, escrevi tudo o que acredito que tenha aplicação prática. Não sou um psicólogo, muito menos um especialista da questão de gênero, tampouco um sociólogo. Sou um Alfa que costumava ser um verdadeiro canalha com as mulheres, mas que agora tenta ser o seu mais apaixonado advogado. Espero que lendo este livro você tenha tido a sensação de que eu estava falando diretamente para você, porque esta era minha intenção. Quero que você saiba que pode analisar suas ações e as ações de suas colegas e recuperar seu poder e seu verdadeiro ego, e parar de pagar o preço que você pensa que tem de pagar por ser uma mulher. Você é uma igual, mas não podemos dar isso para você, você tem de conquistar.

Quero que isso seja um início de conversa, não a conversa toda. Não quero que você leia este livro e o guarde em uma prateleira para ser usado em uma eventualidade. Quero que ele te capacite, te eduque, te inspire e às vezes te irrite. Quero que você saiba das coisas que estão acontecendo, goste delas ou não. Quero que você saiba que se surgir algo que te deixe insegura, você pode recorrer a ele sabendo que existem pílulas de informação que podem te ajudar a encontrar um caminho. Uma vez que você aprende, você não pode desaprender. Uma vez que você esteja familiarizada com a informação, você será capaz de aplicá-la no dia a dia. A qualquer uma de vocês que tenha lido os livros que estão no mercado, escritos de mulheres para mulheres sobre como lidar comigo, quero que conheça aqui a verdade. Eu estou na sala de reunião da diretoria, estou no negócio e estou na plateia. Tenho observado com discernimento, e quero que você saiba o que está funcionando e em que momento você está entregando seu poder para os Homens Alfa, que não apenas não o merecem, como vão usá-lo contra você. Você vai perceber que este livro não foi escrito de forma tradicional. Trata-se de uma carta ampliada que estou escrevendo para você.

Leio muitos livros e vou a muitas palestras, mas sempre tenho uma coisa em mente: o que é essencial? Para mim, o essencial é aquilo que posso pegar e usar imediatamente. Posso tornar as coisas melhores para mim com essas pílulas de informação. Quero que você procure o essencial neste livro. Busque o que é essencial para você e o que é essencial para os outros. Como comunicadoras excepcionais, as mulheres têm a responsabilidade de compartilhar informação com aqueles que necessitam. Converse com as mulheres com as quais você trabalha, com as mulheres e os homens de quem você gosta. Os homens (Alfas) vão achar que você já deveria há muito saber dessas informações. Eles acham que são obviedades porque eles têm sido expostos a elas por toda a vida. O novo paradigma está aqui, e o avião está no piloto automático. As mulheres têm de assumir seus verdadeiros papéis de liderança e nos levar até o novo modelo. Eu e você compartilhamos essa responsabilidade, e prometo continuar fazendo minha parte espalhando a palavra. Uma vez que você tenha lido este livro ou participado de minhas palestras, a responsabilidade foi então dividida com você. Um espaço importante para começar a dividir essa informação é com suas filhas.

No outono passado, fui o principal orador no evento Jovem Realizador, em Vancouver. Eles oferecem uma conferência sobre liderança para garotas (de 17 e 18 anos) e aquela teve a presença de 200 mulheres. Foi o segundo ano que participei. Antes de subir ao palco, eu estava em uma sala com outros oradores e alguns organizadores. Uma mãe que havia ouvido meu discurso no ano anterior veio até mim e disse: "Eu preferiria que você não fizesse sua palestra para essas meninas". Fiquei um pouco chocado e perguntei por quê.

Ela respondeu: "Elas são jovens demais. Não quero que elas saibam dessas coisas por enquanto. O mundo dos negócios pode ser cruel, e acho que prefiro que elas sejam protegidas por um pouco mais da realidade". Eu olhei para ela e afirmei: "Pior do que elas saberem é elas não saberem e tentarem descobrir o que está acontecendo. Vamos prepará-las como pudermos para garantir que elas continuem sendo mulheres fortes e orgulhosas." Enquanto seguia para o palco com o coração um pouco doído, eu me perguntava por que as mulheres querem que essas coisas não sejam ditas. Então me deu um estalo: a mãe não acredita que as coisas vão mudar. E ela está certa. Se essa conversa acabar com este livro, elas não vão mudar. Se eu passar a tocha e ela se apagar, a escuridão vai permanecer. Entretanto, se você tiver essa conversa com outras mulheres, você vai espalhar a mensagem e trazer mais e mais luz. Muitas mulheres têm trabalhado mais duro do que precisam, mas isso pode e tem de parar. Todos nós precisamos nos unir para espalhar a mensagem de que é a mulher poderosa o principal componente do novo paradigma dos negócios.

Depois de ter conversado com aquela mãe e de ter percebido que nem todas as mulheres acreditam que as coisas vão mudar, tomei naquele momento a decisão de provar a ela e a outros críticos que eles estão errados. Essa informação é passada com conversas, e todos temos a responsabilidade de compartilhá-la. Subi no palco, olhei para 200 jovens de rostos sorridentes e para todos aqueles olhos brilhando, e disse: "Queridas, posso contar-lhes um segredo?".

Leia um trecho de
100 viagens que toda mulher precisa fazer
de **Stephanie Elizondo Griest**

Introdução

Holly Morris

O tempo parava quando eu girava o globo e colocava meu dedo sobre algum país desconhecido — um continente cor-de-rosa, uma ilha verde, uma *república,* uma *serra* ou uma *cordilheira.* Os *itálicos,* os **negritos**, os litorais recortados, os oceanos azuis sem fim: para mim, tudo isso eram possibilidades. De algum modo, mesmo naquela época eu já sabia que conhecer o mundo deveria ser uma das melhores coisas da vida.

E agora, com um tanto de poeira da estrada debaixo das unhas e a sensação aguçada de que os anos passam voando, viajar com um *objetivo* (em vez de ficar vagando por aí) parece mais importante do que nunca. Mas *para onde?* E *por quê?*

O mundo lá fora é grande, muito grande, intimidador e emocionante, e um pouco de orientação não faz mal a ninguém. Claro, existem pilhas de guias de viagem que oferecem muitas informações sobre preços de passagens de ônibus, hotéis e histórias obscuras — o tipo de coisa que some da sua mente no instante em que você se vê dançando sobre uma sólida mesa grega, assistindo às oferendas deslizarem pelo Ganges sagrado ou observando os campos de extermínio do Camboja.

Nós mulheres deveríamos usar um livro que descrevesse o mundo de um jeito que fizesse sentido para nós; um livro que nos encorajasse a seguir nossas inspirações e a procurar os lugares pelo mundo em que elas se manifestam. *100 Viagens Que Toda Mulher Precisa Fazer* faz exatamente isso. Este livro é a junção dos conhecimentos e das experiências de uma intrépida viajante, que encheu alguns passaportes e agora está nos entregando apenas as anotações mais suculentas, para que outras possam colocar o pé na estrada com o mesmo espírito feminino.

Há muitas boas razões para viajar para longe, para perto, para qualquer lugar. Às vezes só precisamos dar uma escapadinha das exigências sem graça da labuta diária; outras, perdemos o rumo e precisamos refletir sobre a mudança com uma clareza que só podemos atingir saindo da nossa zona de conforto; às vezes, esperamos nos relacionar com outras pessoas ao redor do mundo que estão enfrentando desafios idênticos ou diferentes dos nossos: pobreza, minas terrestres, angústia espiritual, troca de fraldas do filho. Às vezes apenas precisamos nos lembrar de que há uma foliona dentro de cada uma de nós — e que de vez em quando ela devia se dar ao luxo de uma massagem relaxante bem feita.

Este guia prático serve como um lembrete de que cada viagem pode ser uma jornada de devoção com altos e baixos. Ele me trouxe lembranças das peregrinações tantas vezes adiadas: o intrigante festival em homenagem à Virgem em um recanto da América do Sul, para o qual tenho pensado em ir nos últimos dez anos; o mágico templo hindu em Kerala, que me encanta há tanto tempo; as origens das minhas ancestrais.

100 Viagens Que Toda Mulher Precisa Fazer mostra todas as melhores razões para viajar e fornece uma excelente lista de destinos que com certeza irão responder aos seus *para onde* e aos seus *porquês*. Vamos nessa!

Holly Morris, Brooklyn, EUA

Holly Morris é produtora executiva, redatora e apresentadora da série *Adventure Divas;* ganhou o prêmio PBS e é autora do livro *Adventure Divas: Searching the Globe for Women Who Are Changing the World*, "Escolha do Editor" pelo *New York Times*.

Ela escreve para revistas e jornais norte-americanos, incluindo *Outside* e *The New York Times*, e participou de diversas antologias. Foi diretora editorial da Seal Press e desenvolveu o selo Adventura, que publica livros sobre viagens internacionais e aventuras escritos por mulheres.

Morris trabalha como correspondente para a série *Globe Trekkers, Treks in a Wild World, Outdoor Investigations;* já trabalhou e viajou pelo mundo todo — da Lapônia à Guiana, do Oriente Médio ao Extremo Oriente, do alto do monte Cervino às profundezas do Pacífico Sul.

CONHEÇA OS CLÁSSICOS DA
EDITORA NOVO CONCEITO

À PROCURA DA FELICIDADE
CHRIS GARDNER

A ÚLTIMA MÚSICA
NICHOLAS SPARKS

COMO JACK WELCH SE TORNOU JACK WELCH
STEPHEN H. BAUM E DAVE CONTI

CURVEBALL
BOB DROGIN

NA MINHA PELE
KATE HOLDEN

O ASSASSINATO DE JESSE JAMES PELO COVARDE ROBERT FORD
ROM HANSEN

O PERGAMINHO DE MASADA
PAUL BLOCK E ROBERT VAUGHAN

QUERIDO JOHN
NICHOLAS SPARKS

UMA INFÂNCIA ROUBADA
MARK JOHNSON

ZODÍACO
ROBERT GRAYSMITH